序 言

　　考試領導教學乃千古不易的法則，而大學入學管道多元化又為當代潮流，是以莘莘學子對各種考試的出題方向、模式自有迫切的需要。本書即針對指定科目考試國文一科的歷屆試題予以蒐集並做詳解。

　　早年國文科出題向來為人所詬病，認為太過瑣碎，偏重記憶死背，進而使教學僵化，學生興致索然。不過，受到大考中心主導的學科能力測驗的影響，指定科目考試在國文科試題上的設計不但**生活化**，**且涵蓋多樣化**，普遍獲得好評。十數年來，動見瞻觀，因此如何讓同學能鑑往知來，掌握讀書的重點，在考試上過關斬將，就是本書所要達成的目標。

　　「歷屆指考國文科試題詳解」彙集（91～100 年）國文科試題與詳解，重點分析，扼要說明，釐清錯誤觀念，掌握命題趨勢，條理歸納重點，增加學習效果。同學可經由本書之闡述，將課內、外重要概念融會貫通，並訓練思路邏輯及推敲方法，誠為應試者必備的好書。

　　希望同學在明瞭歷屆試題的出題方向後，從解答說明中能為你在學習國文的路上點一盞明燈。當然本書如有疏漏不周之處，尚請讀者諸君不吝指正。

編者　謹識

CONTENTS

100 年大學入學指定科目考試試題
國文考科

第壹部分：選擇題（佔 55 分）

一、單選題（34 分）

說明：第 1 至第 17 題，每題 4 個選項，其中只有 1 個是最適當的選項，畫記在答案卡之「選擇題答案區」。各題答對得 2 分，未作答、答錯或畫記多於 1 個選項者，該題以零分計算。

1. 下列各組「」內的字，讀音相同的選項是：
   甲、三審定「讞」／望之「儼」然
   乙、率爾操「觚」／酒「酤」於市
   丙、羽扇「綸」巾／為國「掄」才
   丁、兄弟「鬩」牆／「翕」然從風
   戊、「巽」與之言／鐘鼓「饌」玉
   (A) 甲乙　　　　(B) 乙丁　　　　(C) 甲乙丁　　　　(D) 甲丙戊

2. 下列文句沒有錯別字的選項是：
   (A) 運用數計，不能得騁，他已力乏技窮，最後只能甘心認輸
   (B) 他連番殺人劫財，祜惡不悛，當處以極刑，免得再貽害社會
   (C) 這條蟒蛇晝伏夜出，極端狡猾，如今入吾彀中，再也不能作怪
   (D) 阿里山賞櫻活動，如火如荼地展開；人群紛至沓來，擠得水洩不通

3. 閱讀下文，選出□內依序最適合填入的詞語，正確的選項是：

傳說的生長，就同滾雪球一樣，越滾越大；最初只有一個簡單的故事作個中心的「母題」（Motif），你添一枝，他添一葉，便像個樣子了。後來經過眾口的□□，經過平話家的□□，經過戲曲家的□□結構，經過小說家的□□，這個故事便一天一天的改變面目：內容更豐富了，情節更精細圓滿了，曲折更多了，人物更有生氣了。（〈胡適文存‧三俠五義序〉）

(A) 傳說／敷演／剪裁／修飾　　(B) 宣揚／扮演／推敲／潤色

(C) 闡發／排演／增刪／歸納　　(D) 傳播／演義／虛擬／節制

4. 《論語‧鄉黨》「沽酒市脯，不食」中的「市」意為「買」，《宋史‧太祖本紀》「市二價者，以枉法論」中的「市」則意為「賣」，前後「市」字意義不同。下列各組語詞「」中的字，前後意義不同的選項是：

(A) 物傷其「類」／出「類」拔萃

(B) 折衝「樽」俎／移「樽」就教

(C) 「去」職數年／「去」國懷鄉

(D) 「疾」惡如仇／大聲「疾」呼

5. 以下為一段古文，請依文意選出排列順序最適當的選項：

「道之於心也，

甲、中宵深室，幽黑無見，

乙、此則火之燿也，非目之光也，

丙、及設盛燭，則百物彰矣。

丁、猶火之於人目也。

而目假之，則為己明矣。」（王符《潛夫論‧讚學》）

(A) 甲丙丁乙　　(B) 乙丙丁甲　　(C) 丙乙甲丁　　(D) 丁甲丙乙

6. 閱讀下文，依照前後文意的連貫關係，選出適合填入的文字，正確的選項是：

廢墟是古代派往現代的使節，經過歷史君王的（甲）。廢墟是祖輩曾經發動過的壯舉，會聚著當時當地的（乙）。碎成齏粉的遺址也不是廢墟，廢墟中應有歷史最（丙）。廢墟能提供破讀的可能，廢墟散發著讓人（丁）的磁力。（余秋雨《文化苦旅‧廢墟》）

(A) 甲可填入「流連盤桓」　　(B) 乙可填入「挑剔和篩選」

(C) 丙可填入「強勁的韌帶」　　(D) 丁可填入「團結和凝聚」

7. 閱讀下文，選出敘述正確的選項：

那一棵四季桂，是十九年前我們移居舊宅時種植於大門右側的。樹由幼苗而茁壯成比一個人更高，春夏秋冬皆開花，是名副其實的四季桂。不久後，捷運系統將在那一帶建設車站。我們搬離舊宅，移入踩不到泥土的公寓。我和妹妹商量，把桂樹移植到她住的公家宿舍庭內。有泥土、有水和陽光和關愛，桂樹必能在另一個庭園內四季開花、散播清香的罷。雖然公家宿舍終不免有易換屋主之時，我們的四季桂定能繼續堅強地活下去。我想起日本平安時代，菅原道真在貶謫離鄉時，曾對庭中梅樹詠成一首和歌：「東風吹習習，猶未見梅放。莫謂主人離，等閒把春忘。」他日懷念舊宅的四季桂，我或者也會有這樣的心情罷。

（林文月〈散文陸則──擬《東坡志林》〉）

(A) 「東風吹習習，猶未見梅放」意指春風和暢，梅花尚未飄落

(B) 四季桂僅在春季開花，所以作者取用菅原道真詠梅和歌的詩意

(C) 「莫謂主人離，等閒把春忘」這兩句詩是採用描摹形象的寫作技巧

(D) 對於舊宅四季桂的心情，作者表現出「江山風月，本無常主」的態度

8. 清代《四庫全書》分古書為經史子集四部，下列敘述，正確的選項是：
   (A) 屈原作品收錄於《楚辭》，故〈漁父〉須查集部
   (B) 《左傳》以魯史為中心，編年記事，故列於史部
   (C) 《道德經》為道家最重要的經典，可在經部查閱
   (D) 孟子為先秦諸子之一，故《孟子》一書列於子部

9. 閱讀下文，推斷文意，選出最適切的選項：
   龍噓氣成雲，雲固弗靈於龍也。然龍乘是氣，茫洋窮乎玄間，薄日月，伏光景，感震電，神變化，水下土，汨陵谷，雲亦靈怪矣哉。雲，龍之所能使為靈也。若龍之靈，則非雲之所能使為靈也。然龍弗得雲，無以神其靈矣。失其所憑依，信不可歟。異哉！其所憑依，乃其所自為也。《易》曰：「雲從龍。」既曰龍，雲從之矣。（韓愈〈雜說一〉）
   (A) 龍與雲可用以比喻君臣之遇合
   (B) 雲並非因龍的翻騰才變化靈怪
   (C) 龍與雲主輔相依的關係不明確
   (D) 龍須靠雲來主宰才能靈變莫測

10. 以下為兩首唐詩：
    甲、江城如畫裏，山晚望晴空。兩水夾明鏡，雙橋落彩虹。
    　　人煙寒橘柚，□色老梧桐。誰念北樓上，臨風懷謝公。
    　　（謝公：南朝齊詩人謝朓）
    乙、十年離亂後，長大一相逢。問姓驚初見，稱名憶舊容。
    　　別來滄海事，語罷暮天鐘。明日巴陵道，□山又幾重。
    綜合二詩判讀，下列敘述正確的選項是：
    (A) 均為五言古詩
    (B) 均表達憶舊惜別的情感
    (C) 皆採取「由景入情」的表現手法
    (D) □中皆填入「秋」字，較符合詩境

11. 以下四副對聯，依序對應之建築，正確的選項是：

甲、四面湖山歸眼底
　　萬家憂樂到心頭

乙、可託六尺之孤，可寄百里之命，君子人與？君子人也隱居
　　以求其志，行義以達其道，吾聞其語，吾見其人

丙、大明湖畔，趵突泉邊，故居在垂楊深處
　　漱玉集中，金石錄裏，文采有後主遺風

丁、天下名山僧占多，還須留一二奇峰棲吾道友
　　世上好話佛說盡，又誰知五千妙論書自尊師

(A) 岳陽樓／關帝廟／劉鶚紀念館／莊子廟
(B) 鸛雀樓／陶潛祠／劉鶚紀念館／觀音殿
(C) 岳陽樓／武侯祠／李清照紀念館／老子廟
(D) 黃鶴樓／關帝廟／蒲松齡紀念館／老子廟

12-13為題組

閱讀下列短文，回答 12-13 題。

　　登上這亭，在平日是可以近瞰西湖，遠望浙江，甚而至於縹
緲的滄海的，可是此刻卻不能了。離庵不遠的山嶺，僧房，竹樹，
尚勉強可見，稍外則封鎖在茫漠的煙霧裏了。空齋蹋壁臥，忽夢
溪山好。朝騎禿尾驢，來尋雪中道。石壁引孤松，長空沒飛鳥。
不見遠山橫，寒煙起林杪。（雪中登黃山）

　　我倚著亭柱，默默地在咀嚼著漁洋這首五言詩的□□；尤其
是結尾兩句，更道破了雪景的三昧。但說不定許多沒有經驗的人，
要妄笑它是無味的詩句呢。文藝的真賞鑑，本來是件不容易的事，
這又何必咄咄見怪？自己解說了一番，心裏也就釋然了。

（鍾敬文〈西湖的雪景〉）

三昧：借指奧秘

12. 文中「我倚著亭柱，默默地在咀嚼著漁洋這首五言詩的□□」，
　　空格當填入的詞語，正確的是：
　　(A) 清妙　　　　(B) 雄渾　　　(C) 悲慨　　　(D) 典雅

13. 依題意所述，下列選項正確的是：
　　(A) 文藝鑑賞之難，是因為讀者欠缺移情想像的能力
　　(B) 作者登亭而不能近瞰西湖，遠望滄海，是由於日暮
　　(C) 「石壁引孤松，長空沒飛鳥」，是作者登亭所見之景
　　(D) 作者認為雪景之美，在寒煙籠罩樹梢，遠近一片朦朧

14-15為題組

　　閱讀下列詩歌，回答 14-15 題。

甲、杜甫〈哀江頭〉：憶昔霓旌下南苑，苑中萬物生顏色。昭陽
　　殿裡第一人，同輦隨君侍君側。輦前才人帶弓箭，白馬嚼齧
　　黃金勒。翻身向天仰射雲，一箭正墜雙飛翼。明眸皓齒今何
　　在？血污遊魂歸不得。清渭東流劍閣深，去住彼此無消息。

乙、白居易〈長恨歌〉：驪宮高處入青雲，仙樂風飄處處聞；緩
　　歌謾舞凝絲竹，盡日君王看不足。漁陽鼙鼓動地來，驚破霓
　　裳羽衣曲，九重城闕煙塵生，千乘萬騎西南行。翠華搖搖行
　　復止，西出都門百餘里。六軍不發無奈何，宛轉蛾眉馬前死。

14. 關於兩段以「安史之亂」為背景的詩歌，敘述不正確的選項是：
　　(A) 兩詩均透過唐玄宗、楊貴妃的人生轉變，寓託唐朝國運由盛
　　　　而衰
　　(B) 兩詩對於玄宗赴蜀避難、貴妃死於兵變一事，均有或明或暗
　　　　的敘述

(C) 「昭陽殿裡第一人，同輦隨君侍君側」與「緩歌謾舞凝絲竹，盡日君王看不足」，都是寫楊貴妃受唐玄宗寵幸的情形

(D) 「憶昔霓旌下南苑，苑中萬物生顏色」與「九重城闕煙塵生，千乘萬騎西南行」，都是寫戰亂發生、王室倉皇逃離的情形

15. 關於兩段詩歌的寫作，敘述<u>不正確</u>的選項是：

(A) 兩詩基本上都是以回顧過去的手法抒發心中情感

(B) 兩詩主要都是以音樂、聲響表現戰亂前後的轉變

(C) 「輦前才人帶弓箭，白馬嚼齧黃金勒」，由壯盛華麗的出遊行列襯托國勢強大

(D) 「漁陽鼙鼓動地來，驚破霓裳羽衣曲」，點出戰亂的發生出乎唐玄宗意料之外

<u>16-17為題組</u>

閱讀下文，回答 16-17 題。

衛靈公問於史鰌曰：「政孰為務？」對曰：「大理為務！聽獄不中，死者不可生也，斷者不可屬也，故曰：大理為務。」少焉，子路見公，公以史鰌言告之。子路曰：「司馬為務！兩國有難，兩軍相當，司馬執枹以行之，一鬥不當，死者數萬。以殺人為非也，此其為殺人亦眾矣。故曰：司馬為務。」少焉，子貢入見，公以二子言告之。子貢曰：「不識哉！昔禹與有扈氏戰，三陳而不服，禹於是修教一年，而有扈氏請服。故曰：去民之所事，奚獄之所聽？兵革之不陳，奚鼓之所鳴？故曰：教為務也。」

（劉向《說苑・政理》）

16. 下列政府單位中，最接近「大理」的選項是：
    (A) 法院　　　　　　　　(B) 監獄
    (C) 調查局　　　　　　　(D) 警察局

17. 依文中所示，下列文句與子貢的主張最接近的選項是：
    (A) 攻城爲下，心戰爲上
    (B) 故遠人不服，則脩文德以來之
    (C) 俎豆之事，則嘗聞之矣；軍旅之事，未之學也
    (D) 不教而殺謂之虐，不戒視成謂之暴，慢令致期謂之賊

二、多選題（21 分）

說明：第 18 至第 24 題，每題有 5 個選項，其中至少有 1 個是正確
　　　的選項，選出正確選項畫記在答案卡之「選擇題答案區」。
　　　各題之選項獨立判定，所有選項均答對者，得 3 分；答錯 1
　　　個選項者，得 1.8 分，答錯 2 個選項者，得 0.6 分，所有選項
　　　均未作答或答錯多於 2 個選項者，該題以零分計算。

18. 許達然〈稚〉：「從你含淚微笑的剎那，我覺得橫在我們之間的
    牆已除去。」以具體的「牆」，代替抽象的「疏離冷漠」。下列
    同樣使用以具體代替抽象手法的選項是：
    (A) 即使是朋友，也好像隔了一面玻璃
    (B) 將心敞開，好迎接一隻遠方的青鳥
    (C) 老骨頭晚歸，總受不了被攔截的驚恐
    (D) 人如果無意於築橋，心靈將無法向外敞開
    (E) 因爲他向我借打火機，才把彼此之間的冰塊打破

19. 閱讀下文，選出符合文意的選項：

　　我常愛中國古人的田園詩，更勝過愛山林詩。田園、山林，同屬自然。但山林更自然，田園則多羼進了人文，故田園更可供大眾多數人長期享受，山林則只供少數人在特殊情況下暫時欣賞。伊尹耕於有莘之野，而樂堯舜之道。耕田鑿井人，易於在其心生有大天地。許由逃於箕山之下，洗耳不迭，反而心胸狹了。論許由所居住，似其外圍天地比伊尹的更大，實則比伊尹的轉小。養以大天地，其所生氣自大，養以小天地，則使人困限在小氣中。故要由養體進而懂得養氣。居住本只爲蔽風雨，但孟子指出「居移氣」一番道理，實是一極大啓示。（錢穆《雙溪獨語》）

(A) 作者愛田園詩更勝過愛山林詩，主要關鍵在人文因素

(B) 許由隱遁於箕山下，擺脫名利富貴，心胸較伊尹寬闊

(C) 伊尹耕於田野中，人文與自然結合，故更能擔負經世濟民重任

(D) 作者認爲生活天地的大小，足以決定其心胸氣度，而與抱負、涵養無關

(E) 作者質疑孟子「居移氣」的說法，認爲住所即使簡陋，仍不礙其胸懷壯志

20. 風花雪月等景物，作者都可藉之寄情，以表達思念愛悅之意，曹植〈七哀〉「願爲西南風，長逝入君懷」即是其例。下列文句，運用相同寫作手法的選項是：

(A) 白露橫江，水光接天，縱一葦之所如，凌萬頃之茫然

(B) 海水夢悠悠，君愁我亦愁，南風知我意，吹夢到西洲

(C) 霪雨霏霏，連月不開，陰風怒號，
　　濁浪排空，日星隱耀，山岳潛形

(D) 然後知是山之特出，不與培塿爲類，
　　悠悠乎與灝氣俱，而莫得其涯

(E) 玉戶簾中卷不去，搗衣砧上拂還來，
　　此時相望不相聞，願逐月華流照君

21. 下列敘述正確的選項是：
    (A) 唐代「李杜」齊名，前有李白、杜甫，後有李商隱、杜牧
    (B) 漢魏之際「三曹」父子與「建安七子」形成盛極一時的文學集團
    (C) 《三國演義》、《西遊記》、《水滸傳》皆依據史實敷衍，情節斑斑可考
    (D) 南唐後主李煜和南宋女詞人李清照，語言風格皆為典雅古奧，好用史事入詞
    (E) 西漢司馬遷撰《史記》，東漢班固著《漢書》，並稱史家雙璧，為斷代正史之典範

22. 下列文句「」中的文字，結構為「動詞＋名詞」的選項是：
    (A) 《齊民要術》：其樹大者，以「鋸鋸」之
    (B) 《史記》：陛下不能將兵，而善「將將」
    (C) 《荀子》：無「惛惛」之事者，無赫赫之功
    (D) 《左傳》：庸勳、「親親」、昵近、尊賢，德之大者也
    (E) 《三國志》：二十年，孫權以先主已得益州，「使使」報欲得荊州

23. 以下每個選項皆含前後兩段引文，後文與前文觀點、意涵<u>截然不同</u>的選項是：
    (A) 《孟子》：民為貴，社稷次之，君為輕／黃宗羲〈原君〉：古者以天下為主，君為客，凡君之所畢世而經營者，為天下也
    (B) 《莊子》：天下莫大於秋毫之末，而大山為小；莫壽於殤子，而彭祖為夭／王羲之〈蘭亭集序〉：固知一死生為虛誕，齊彭殤為妄作

(C) 《老子》：天道無親，常與善人╱司馬遷〈伯夷列傳〉：或擇地而蹈之，時然後出言，行不由徑，非公正不發憤，而遇禍災者，不可勝數也

(D) 《論語》：君子博學於文，約之以禮，亦可以弗畔矣夫╱《荀子》：木受繩則直，金就礪則利；君子博學而日參省乎己，則知明而行無過矣

(E) 《韓非子》：明主之國，無書簡之文，以法為教；無先王之語，以吏為師╱劉歆〈移書讓太常博士〉：至于暴秦，焚經書，殺儒士，設挾書之法，行是古之罪

24. 下列引文，在言談中表現出斥責對方語氣的選項是：

(A) 大母過余曰：「吾兒，久不見若影，何竟日默默在此，大類女郎也？」

(B) 宰予晝寢，子曰：「朽木不可雕也，糞土之牆不可杇也，於予與何誅」

(C) 燭之武對秦伯：「越國以鄙遠，君知其難也，焉用亡鄭以陪鄰？鄰之厚，君之薄也！」

(D) 孟子對齊宣王：「賊仁者謂之賊，賊義者謂之殘，殘賊之人謂之一夫。聞誅一夫紂矣，未聞弒君也！」

(E) 左光斗對史可法：「庸奴！此何地也，而汝來前！國家之事，糜爛至此，老夫已矣！汝復輕身而昧大義，天下事誰可支拄者？」

第貳部分：非選擇題（佔 45 分）

說明：本大題共有二題，請依各題指示作答，答案務必寫在「答案卷」上，並標明題號。作答務必使用筆尖較粗之黑色墨水的筆書寫，且不得使用鉛筆。

一、文章解讀（占 18 分）

　　　閱讀框線內文章，回答問題，文長限 200 字－250 字（約 9 行－11 行）。

> 　　途中是認識人生最方便的地方。車中、船上同人行道可說是人生博覽會的三張入場券，可惜許多人把他們當作廢紙，空走了一生的路。我們有一句古話：「讀萬卷書，行萬里路。」所謂行萬里路自然是指走遍名山大川，通都大邑，但是我覺得換一個解釋也可以。一條路你來往走了幾萬遍，湊成了萬里這個數目，只要你真用了你的眼睛，你就可以算懂得人生的人了。俗語說道：「秀才不出門，能知天下事。」我們不幸未得入泮（入泮：就學讀書），只好多走些路，來見見世面罷！對於人生有了清澈的觀照，世上的榮辱禍福不足以擾亂內心的恬靜，我們的心靈因此可以獲得永久的自由；所怕的就是面壁參禪，目不窺路的人們，他們不肯上路，的確是無法可辦。讀書是間接地去了解人生，走路是直接地去了解人生，一落言詮，便非真諦，所以我覺得萬卷書可以擱開不念，萬里路非放步走去不可。（改寫自梁遇春〈途中〉）

雖然古人說：「讀萬卷書，行萬里路。」梁遇春卻主張：「萬卷書可以擱開不念，萬里路非放步走去不可。」他的理由何在？請你解讀他的看法，並加以評論。

二、作文（27 分）

吳寶春十五歲開始當麵包學徒，經過二十多年各領域、多方面不斷地努力學習、嘗試、創新，終於在2010年，運用臺灣本土食材，以「米釀荔香」麵包獲得「世界麵包大師賽」冠軍殊榮。他說他以後仍會用「很寬很深」的方法繼續研發創作；「很寬」是指學習更多領域，「很深」是指加強基本功。這是吳寶春對寬與深的看法。<u>請你依照自己的體會或見聞，以「寬與深」為題寫一篇文章</u>，議論、記敘、抒情皆可，字數不限。

100年度指定科目考試國文科試題詳解

第壹部分：選擇題

一、單選題

1. **B**

   【解析】甲、ㄧㄢˋ／ㄧㄢˇ　　　乙、ㄍㄨˊ／ㄍㄨ
   丙、ㄍㄨㄢˇ／ㄉㄨㄣˊ　　丁、ㄒㄧˋ／ㄒㄧˋ
   戊、ㄒㄩㄣˋ／ㄓㄨㄢˋ

2. **D**

   【解析】(A) 得「騁」→逞
   (B) 「祛」惡→怯
   (C) 「殼」中→彀

3. **A**

   【解析】關鍵在平話家說書人不可能填入 (B) 扮演、(C) 排演，
   再經過戲曲家的「剪裁」結構，故選 (A)。

4. **D**

   【解析】(A) 同類　　　　　　　(B) 酒杯
   (C) 離開　　　　　　　　(D) 憎惡／急

5. **D**

   【解析】由首句道_之於_心也，接丁、猶火_之於_人目也，則答案
   可知矣。

6. **C**

【解析】(A) 甲可填入「挑剔和篩選」

(B) 乙可填入「力量和精萃」

(D) 丁可填入「留連盤桓」

7. **D**

【解析】(A) 梅花尚未綻放　　　(B) 春夏秋冬皆開花

(D) 抒情，非描摹形象

8. **A**

【解析】(B) 經部　　　(C) 子部

(D) 經部

9. **A**

【語譯】龍吐出的氣變成雲，雲本不比龍靈異。但是龍乘駕這雲氣，飛遍遼闊的天空，迫近日月，遮蔽光影，觸動雷電，變化神妙，雨降大地，淹沒山谷。雲也真是靈異啊！雲，是龍的神力使它變得靈通；至於龍的神靈，就不是雲所能使它變成有靈氣。然而龍沒有雲，也無法發揮它的靈通；失去了它所憑藉的東西，就真的行不通了！多奇怪啊！龍所憑藉的東西，正是它自己造出來的雲。《易經》上說：「雲隨著龍。」既然叫做龍，就必然有雲來跟隨。

10. **D**

【解析】(A) 均為五言律詩　　　(B) 甲詩懷古非惜別

(C) 只有甲詩採取「由景入情」的表現手法

【語譯】　甲、宣城臨近水邊，風景優美，就像鑲嵌在一幅美麗的圖畫之中。在夕陽西下時，遠遠望去，山色和晴空互相映襯。宛溪和句溪兩條溪水有如明鏡一般將江城夾在中間，宛溪上的兩座橋梁橔倒映在水中，如同彩虹落入水底。居住人家的炊煙嫋嫋升起，使人感到橘柚也都帶有寒涼之意。深秋時節，梧桐葉枯，看上去，梧桐顯得蒼老，而蒼老的梧桐又染深了秋天的景色。有誰能想到此時在這北樓之上，我正迎著蕭瑟的秋風，深深地懷念謝公呢？（李白〈秋登宣城謝朓北樓〉）

　　　　　乙、經過十年戰亂的離散，今天忽然相逢，我倆都已經長大了。問起你的姓氏，正驚訝於以前怎麼沒見過你；等你說出了名字，才想你從前的模樣。分別以來，人事變化極大，就像滄海變成桑田一樣；談完話，已經是黃昏了，遠方傳來了陣陣的鐘聲。明天走上這條巴陵道後，不知道我倆又要隔著幾重秋山了。（李益〈喜見外弟又言別〉）

11. **C**

【解析】　甲、由「萬家憂樂」判斷爲岳陽樓
　　　　　乙、由「可託六尺之孤」判斷爲諸葛亮
　　　　　丙、由「漱玉集」、「金石錄」判斷爲李清照
　　　　　丁、由「五千妙論」判斷爲老子

12-13爲題組

12. **A**

【解析】　由「不見遠山橫，寒煙起林杪」推知爲清妙

13. **D**

【解析】(A) 沒有相同的經驗　　(B) 封鎖在茫漠的煙霧裡

(C) 王漁洋雪中登黃山所見之景

14-15為題組

14. **D**

【解析】「九重城闕煙塵生，千乘萬騎西南行」才是寫戰亂發生，王室倉皇逃離的情形

15. **B**

【解析】無此表現

【語譯】甲、想當年，鑾駕遊獵來到曲江頭上的芙蓉苑，苑中花草樹木似乎煥發出異樣的光彩。昭陽殿最受皇帝寵愛的人，與皇上同車出入，形影相伴。御車前的女官身穿戎裝，背著弓箭，騎著以黃金銜勒的白馬。一個女官向天上仰射一箭，箭下兩隻比翼雙飛的鳥兒，博得楊貴妃燦然一笑。明眸皓齒的楊貴妃而今在何處呢？有羞花之貌的楊貴妃已成了滿臉血污的遊魂，不能再回到君王身旁。楊貴妃的遺體安葬在渭水河濱的馬嵬，唐玄宗經由劍閣深入山路崎嶇的蜀道，生死殊途，陰陽兩界，再聽不到彼此的綿綿細語。

乙、驪山上的華清宮，高聳入雲。從她入宮以後，彷若來自仙境的音樂，更是隨風飄散，似乎到處都可以聽到。那舒緩的歌聲，曼妙的舞姿，緊扣著絲絃簫管的旋律，使得君王整天都流連在這裡觀

賞，好像永遠也看不滿足。忽然間，漁陽那邊的戰鼓驚天動地的響了起來，驚散了宮中美妙的霓裳羽衣曲。原來，安祿山起兵造反。京城裡頓時瀰漫了戰亂的煙火和塵土。成千上萬的衛隊車騎，護擁著皇帝往西南避難。駕前的翠華旗在路上飄搖了一會兒，車駕便又停止了。這時向西出了京城，大約只有一百多里路，整個軍隊竟不肯前進。他們一定要皇帝殺死貴妃，以謝天下。皇帝無可奈何，只好眼看著貴妃在馬前被人拉去將她縊死。

16-17為題組

16. **A**

　　【解析】　由「聽獄不中」推知為法院

17. **B**

　　【解析】　由「教為務」來判斷

　　　　　　(A) 攻陷城池為下策，心戰為上策

　　　　　　(B) 因此遠方之人不歸順，就修明文教招徠他們

　　　　　　(C) 禮樂祭祀的事曾聽聞學過，行軍作戰就沒學過了

　　　　　　(D) 為政不先教導，人民犯罪就殺，這叫做虐。為政不先告誡，而立刻就要看到成果，這就是暴。政令發布地慢，卻要限期完成，這就是賊害人民

二、多選題

18. **ABDE**

　　【解析】　(A) 用具體的玻璃代替抽象的隔閡

(B) 用具體的青鳥代替抽象的情感、美好

(D) 用具體的築橋代替抽象的溝通、擴展

(E) 用具體的冰塊打破代替抽象的消融彼此冷漠

19. **AC**

【解析】(B) 許由逃於箕山之下，反而心胸狹了

(D) 「論許由所居住，似其外圍天地比伊尹的更大，實則比伊尹的轉小」，所以生活天地的大小，未必決定其心胸氣度，與抱負涵養有關

(E) 作者認同孟子，要由養體進而懂得養氣

20. **BE**

【解析】(A) 寫泛舟江面之景　　　(C) 寫雨悲之景

(D) 寫西山的特出

21. **AB**

【解析】(C) 與史實相關較密切爲三國演義，西遊記、水滸傳多渲染、想像，與史實相關不過玄奘、宋江，說不上情節斑斑可考

(D) 李煜詞作前期華麗溫馨，被俘後哀怨淒絕，字字血淚；李清照清新自然，淒婉誠摯

(E) 史記爲通史之祖，漢書爲斷代史之祖

22. **BDE**

【語譯】(A) 名詞＋動詞：鋸子鋸開

(B) 動詞＋名詞：統帥將領

(C) 形容詞：專默精誠

(D) 動詞＋名詞：親愛親人

　　(E) 動詞＋名詞：派遣使者

23. BCE

【語譯】(A) 皆強調民本

　　　　(B) 莊子打破大小、壽夭之認知，王羲之則不以爲然

　　　　(C) 老子以爲善有善報，司馬遷認爲好人未必有好報

　　　　(D) 都強調學習使人循規蹈矩

　　　　(E) 韓非子批評儒家，主張「無書簡之文⋯無先王之語」；劉歆則批評此種行爲

24. BE

【解析】(A) 關心語氣　　　(C) 遊說語氣　　　(D) 遊說語氣

第貳部分：非選擇題

一、文章解讀

　　梁遇春認爲，書中的知識僅是前人走過的路，唯有自己出外所見所聞，才能夠使心靈看事情的角度通透，而領略人生的眞諦。我以爲梁遇春主張「萬卷書可以攔開不念，萬里路非放步走去不可。」乃是希望我們不要閉門造車，而應多看看這個世界，那麼即便沒有豐富學識，亦能領略人生道理；因爲只有接觸到眞實世界，我們才能知道什麼適合自己，畢竟，沒有人能複製別人的人生。

　　但我認爲這樣的論述雖然獨樹一格，亦仍可與「讀萬卷書」相輔相成。倘若我們能由書中參悟內化前人智慧後，再佐以增廣見聞，將更能從各種角度思考，而走出屬於自己的人生風景。

（陳興國文語表專任教師╱吳臻 撰寫）

二、作文

【範文】

寬與深

　　大凡成功的個人或企業，其背後必然有一種精神做爲支柱，推他向前，創造榮耀。這種精神初衷與利益無關，而是一種天開地闊眼光，一份專注投入的執著與信念。

　　能看見未來，放眼天下的人少，追逐眼前利益者多；能專一精誠始終不懈者少，渴求速效速利的人多。孔子在兩千五百年前將政治的理想轉成對文化典籍的整理，「刪詩書，訂禮樂，修春秋」。他的成就已超過了一般學者的著書立說，站在歷史閎觀的角度來看，是文化慧命的延續。那是超越當代的氣魄與智慧，是對文化禮樂的投入與執著，多少在政治上得意獲利者，在長遠的歷史洪流中沈寂，那些訕笑過、嘲諷過仲尼的人，我們至今一個也不認得。唯獨孔子在孤寂中沈潛專注，在歷史文化中創造他的榮光。

　　當我們重讀「天地一沙鷗」，書中那隻離群，只想飛高、飛遠、飛得更優美的海鷗若納珊，應該有更深刻的啓示。鷗群日日追逐返港的船隻只爲飽腹，但若納珊只執意練習飛行，那是種非凡的眼光。儘管挫折無數，它願意重新調整角度、力道與姿勢，這是深度的投入。重新展翅的過程它看見另一片天地。

　　二十餘年前，不會有人想到「台灣積體電路公司」會成爲世界一流的晶圓製造廠。創辦人張忠謀從一開始就把自己定位爲放眼世界的科技企業。他創造了一個新名詞「晶圓專工」，而不是「代工」。背後的意義是不斷地專注、投入研究、創新，讓企業的生命生生不息。如果「台積電」對台灣還有一點價值，絕不是他的資本、獲利或股價。他給我們最深的啓示：「不凡的眼光、開闊的胸襟、專注的投入」是成功最有力的支柱。

　　古今多少人在時光之流裡一一消逝，連名字也沒留下，唯有超越時人的目光，專一精誠的投入者才被歷史記得，一如長夜裡的明星。

（陳興國文語表專任教師／潘華 撰寫）

100 學年度指定科目考試（國文）

大考中心公佈答案

題　號	答　　案	題　號	答　　案
1	B	16	A
2	D	17	B
3	A	18	ABDE
4	D	19	AC
5	D	20	BE
6	C	21	AB
7	D	22	BDE
8	A	23	BCE
9	A	24	BE
10	D		
11	C		
12	A		
13	D		
14	D		
15	B		

100 學年度指定科目考試
各科成績標準一覽表

科　　目	頂　標	前　標	均　標	後　標	底　標
國　文	71	66	59	50	42
英　文	79	69	51	33	23
數學甲	82	71	51	32	20
數學乙	86	75	55	34	22
化　學	75	66	51	37	29
物　理	73	73	53	34	25
生　物	77	69	54	41	32
歷　史	77	70	59	48	39
地　理	71	66	58	48	40
公民與社會	77	72	64	55	48

※ 以上五項標準均取為整數（小數只捨不入），且其計算均不含缺考生之成績，
　計算方式如下：

　頂標：成績位於第 88 百分位數之考生成績。

　前標：成績位於第 75 百分位數之考生成績。

　均標：成績位於第 50 百分位數之考生成績。

　後標：成績位於第 25 百分位數之考生成績。

　底標：成績位於第 12 百分位數之考生成績。

例：　某科之到考考生為 99982 人，則該科五項標準為

　頂標：成績由低至高排序，取第 87985 名（99982×88%=87984.16，取整數，
　　　　小數無條件進位）考生的成績，再取整數(小數只捨不入)。

　前標：成績由低至高排序，取第 74987 名（99982×75%=74986.5，取整數，
　　　　小數無條件進位）考生的成績，再取整數(小數只捨不入)。

　均標：成績由低至高排序，取第 49991 名（99982×50%=49991）考生的成績，
　　　　再取整數(小數只捨不入)。

　後標：成績由低至高排序，取第 24996 名（99982×25%=24995.5，取整數，
　　　　小數無條件進位）考生的成績，再取整數(小數只捨不入)。

　底標：成績由低至高排序，取第 11998 名（99982×12%=11997.84，取整數，
　　　　小數無條件進位）考生的成績，再取整數(小數只捨不入)。

九十九年大學入學指定科目考試試題
國文考科

第壹部分：選擇題（佔 55 分）

一、單選題（34 分）

說明：第 1 至第 17 題，每題選出一個最適當的選項，劃記在答案卡之「選擇題答案區」。每題答對得 2 分，答錯或劃記多於一個選項者倒扣 2/3 分，倒扣至本大題之實得分數為零為止。未作答者，不給分亦不扣分。

1. 下列各組「」內的字，讀音相同的選項是：
   甲、因「噎」廢食／抒發胸「臆」
   乙、「踔」厲風發／精雕細「琢」
   丙、「惴」惴不安／意興「遄」飛
   丁、太陽「熾」熱／旗「幟」鮮明
   戊、桎「梏」心靈／「痼」疾難癒
   己、不「屑」一顧／剝「削」勞工
   (A) 甲己　　　(B) 乙戊　　　(C) 甲丁戊　　　(D) 乙丙己

2. 下列文句，用字完全正確的選項是：
   (A) 她似乎很體諒我思母之情，絮絮叨叨地和我談著母親的近況
   (B) 翡冷翠稱為文藝復興搖籃之地，即因這個地方人文薈萃，人才輩出
   (C) 蟬聲在最高漲的音符處突地夏然而止，像一篇錦繡文章被猛然撕裂
   (D) 中央山脈的中段在似近又遠的東方，從北到南一線綿亙，蜿蜒著起起伏伏

3. 閱讀下文，推斷□內最適合填入的詞語依序是：

地壇的古園彷彿就是為了等我，而□□□□在那兒等待了四百多年。它等待我出生，然後又等待我活到最狂妄的年齡上忽地殘廢了雙腳。四百多年裡，它一面剝蝕了古殿檐頭浮誇的琉璃，□□了門壁上炫耀的朱紅，坍圮了一段段高牆又散落了□□□□，祭壇四周的老柏樹愈見蒼幽，到處的野草荒藤也都茂盛得自在坦蕩。（史鐵生〈我與地壇〉）

(A) 歷盡滄桑／粉飾／紙醉金迷　　(B) 披星戴月／粉飾／玉砌雕欄

(C) 歷盡滄桑／淡褪／玉砌雕欄　　(D) 披星戴月／淡褪／紙醉金迷

4. 下列各組「」內的字，意義相同的選項是：

(A) 百工之人，君子不「齒」／啟朱唇，發皓「齒」，唱了幾句書兒

(B) 「心」凝形釋，與萬化冥合／山水之樂，得之「心」而寓之酒也

(C) 「目」不能兩視而明，耳不能兩聽而聰／綱舉「目」張，百事俱作

(D) 近拇之「指」，皆為之痛／微「指」左公處，則席地倚牆而坐

5. 下列是一段宋詞，請依文意選出排列順序最恰當的選項：

凝眸。悔上層樓。謾惹起、新愁壓舊愁。

甲、料到伊行，時時開看，一看一回和淚收，

乙、重重封卷，

丙、密寄書郵，

丁、向彩箋寫遍，相思字了，

須知道，這般病染，兩處心頭。（蘇軾〈沁園春〉）

(A) 丙甲丁乙　　(B) 丙乙丁甲　　(C) 丁甲乙丙　　(D) 丁乙丙甲

6. 閱讀下文，並依前後文意的連貫關係，選出下列填入文字的選項，何者錯誤？

   唐代古文雖一直以復古為通變，＿＿(甲)＿＿，而且「奇變不窮」。杜甫並不卑視齊、梁，而是主張「＿＿(乙)＿＿」；又頗用心在新興的律詩上，他要「＿＿(丙)＿＿」，並且自許「＿＿(丁)＿＿」。（朱自清《詩言志辨》）

   (A) 甲可填入「詩卻從杜甫起多逕趨新變」
   (B) 乙可填入「自從建安來，綺麗不足珍」
   (C) 丙可填入「遣辭必中律」
   (D) 丁可填入「晚節漸於詩律細」

7. 閱讀下文，選出敘述正確的選項：

   暢銷驚悚小說作家引起像丹・布朗《達文西密碼》這麼大的爭議，並非第一次。麥克・克萊頓的《旭日東昇》曾讓《紐約時報》的周日書評罕見地找來兩位評論家代表正反兩方意見，用兩全版討論了這部以 1990 年代日本跨國企業為題材的小說，是否會挑起仇日情結？丹・布朗深得麥克・克萊頓的真傳，明白真正的驚悚絕不能只是紙上談兵，一定得讓故事中的爆點延燒到真實世界，足以讓讀者懷疑自己所存在的世界，震撼了既有的規則與想像，那才是真驚悚！（改寫自郭強生〈驚悚與懸疑之外──揭開丹・布朗的文字謎團〉）

   (A) 麥克・克萊頓的《旭日東昇》是《紐約時報》的周日書評
   (B) 丹・布朗的《達文西密碼》動搖了讀者原來所相信的世界
   (C) 《達文西密碼》與《旭日東昇》皆以美國的仇日情結為故事素材
   (D) 驚悚小說真正令人驚悚之處，是讓讀者發覺所生活的世界不存在

8. 閱讀下列先秦諸子對於「聖人」的描述，推斷甲、乙、丙、丁依序應為哪一家所提出？

甲、聖人不行而知，不見而名，不為而成。

乙、聖人之治民也，法與時移而禁與能變。

丙、聖人積思慮，習偽故，以生禮義而起法度。

丁、聖人之所以濟事成功，垂名於後世者，無他故異物焉，
　　曰唯能以尚同為政者也。

(A) 道家／法家／儒家／墨家　　(B) 儒家／道家／墨家／法家

(C) 道家／墨家／法家／儒家　　(D) 儒家／法家／墨家／道家

9. 閱讀下文，推斷「江右貴人」詩不再清淡、「小民傭酒館者」不
復能歌〈渭城〉的原因為何？

昔人夜聞歌〈渭城〉甚佳，質明跡之，乃一小民傭酒館者，損百
緡予使嚳酒，久之不復能歌〈渭城〉矣。近一江右貴人，彊仕之
始，詩頗清淡，既涉貴顯，雖篇什日繁，而惡道坌出。人怪其故，
予曰：「此不能歌〈渭城〉也。」（王世貞《藝苑卮言》）

(A) 心隨境遇而異

(B) 學習不得要領

(C) 未獲知音賞識

(D) 浮誇而無實學

> 質明：天大亮。
> 彊仕：40歲。
> 坌出：叢出。

10. 閱讀下列宋詞，選出敘述正確的選項：

彩袖殷勤捧玉鍾，當年拚卻醉顏紅。舞低楊柳樓心月，歌盡桃花
扇底風。　從別後，憶相逢，幾回魂夢與君同。今宵賸把銀釭照，
猶恐相逢是夢中。（晏幾道〈鷓鴣天〉）

> 釭：燈。

(A) 上片表達昔日舞榭歌臺俱已成空的哀嘆

(B) 下片感慨離別後無緣再見，相逢只能在夢中

(C) 上片藉舞跳到月落、歌唱到風歇，極寫縱情綺筵的歡愉

(D) 下片以燈火在夜中燃燒為喻，描述相思之苦夜夜在內心煎熬

11. 韓愈年幼而孤，由長兄、長嫂撫養成人，因此與姪韓老成情如兄弟。貞元十九年，韓老成過世，韓愈撰〈祭十二郎文〉悼之；若韓愈要為韓老成另撰一幅輓聯，最恰當的選項是：

(A) 梓里共瞻師道立，我徒悵望哲人萎

(B) 手足悲值風雨夕，國家憂慟脊令原

(C) 回首前塵忝居父執，傷心舊夢敬輓幽魂

(D) 當年硯共芸窗冰雪聰明推第一，此日歸真返璞精魂縹緲欲招三

12-13為題組

閱讀下列短文，回答 12-13 題。

　　我教書多年，還存一點好奇心，每當我教到最後一堂課時，就會發問卷給學生：今年你最喜歡哪些詩和文？……幾乎有十一、二年，票選第一名的作品都是契可夫的「Misery」。

　　這篇小小說講一個駕馬車的老頭，獨生子死了，在大雪紛飛的冬夜到戲院門口載客。上車的客人都急著教他趕路，他卻嘟嘟噥噥訴說著兒子的死。於是，客人們就產生了六、七種不同的反應。大多數人都教他閉嘴，快趕路！甚至有人用皮靴踢他、罵他糟老頭。另有一兩個旅客表示關心，問了他兒子的情況，不過，他們仍然很快地忘記了有這麼回事。人總是那麼健忘，尤其是對別人的事。這故事很簡單，敘述也沒什麼花俏之處，研究生們會這麼重視它，令我頗覺得欣慰。因為這個小小說完全講內心世界，呈現的是心境。老馬車夫在大雪中送完了客人，最後回到他簡陋的屋子，牽著馬入馬廄時，他說：這個世界上，只有你聽到我的話之後，還有一點同情的樣子。契可夫用他悲憫的眼睛，來看別人對他人悲傷的反應。（齊邦媛《霧漸漸散的時候》）

12. 依據上文，推斷下列關於契可夫小說「Misery」的敘述，正確的選項是：
    (A) 故事中出現的人物不超過五個
    (B) 以車夫一個晚上的載客經歷爲故事主線
    (C) 採用倒敘手法，向前追溯歷次的載客經過
    (D) 車夫認爲聆聽他說話，還有一點同情的，只剩紛飛的大雪

13. 上文作者對學生喜歡「Misery」而頗覺欣慰，主因應是樂見：
    (A) 學生能仔細審視社會底層的貧窮
    (B) 學生能理解小說作者的悲憫情懷
    (C) 學生能被人與動物之間的情誼所感動
    (D) 學生能分析簡單而不花俏的敘事技巧

14-15爲題組

閱讀下列短文，回答 14-15 題。

　　　　他站在門前的階梯上，伸手到褲子後口袋裡拿大門鑰匙。咦，不在這。在我脫下來的那件褲子裡。得去拿來。那衣櫥老是嘰嘎作響，不好去打擾她。剛才她翻身的時候，睡得正香呢。他悄悄帶上大門，又拉緊一點，直到門底下的護皮輕輕覆住門檻，像一張柔軟的眼皮。看起來是關緊了。反正到我回來前沒關係吧。（大衛‧洛吉《小說的五十堂課》節錄詹姆斯‧喬伊斯《尤里西斯》）

14. 下列關於上文情節的敘述，正確的選項是：
    (A) 「他」關上門之後，才發現身上沒帶鑰匙
    (B) 「他」不確定鑰匙是在衣櫥裡還是在褲子口袋裡

(C) 「他」因體貼「她」睡得正香，寧可不回房間拿鑰匙

(D) 「他」擔心不鎖門會令「她」睡不安穩，還是決定拿鑰匙鎖
　　上門

15. 下列關於上文的分析，**錯誤**的選項是：

(A) 全文以「第三人稱」（他）和「第一人稱」（我）的敘述觀
　　點交錯進行

(B) 全文由兩個動作（門前摸褲袋、帶上大門）及動作時的獨白
　　所構成

(C) 第一次的獨白是「他」的想法，第二次的獨白是「作者」的
　　想法

(D) 文中的兩段獨白，是為了呈現故事人物腦海中的思緒活動

16-17為題組

閱讀下列短文，回答 16-17 題。

　　滄州南一寺臨河幹，山門圮於河，二石獸沉焉。閱十餘歲，
僧募金重修，求二石獸於水中，竟不可得，以為順流下矣。棹數
小舟，曳鐵鈀，尋十餘里無跡。一講學家設帳寺中，聞之，笑曰：
「爾輩不能究物理。是非木柿，豈能為暴漲攜之去？乃石性堅重，
沙性鬆浮，湮於沙上，漸沉漸深耳，沿河求之，不亦顛乎？」眾
服為確論。一老河兵聞之，又笑曰：「凡河中失石，當求之於上
流。蓋石性堅重，沙性鬆浮，水不能沖石，其反激之力，必於石
下迎水處齧沙為坎穴。漸激漸深，至石之半，石必倒擲坎穴中。
如是再齧，石又再轉。轉轉不已，遂反溯流逆上矣。求之下流，
固顛；求之地中，不更顛乎？」如其言，果得數里外。（紀昀〈河
中石獸〉）

16. 下列四圖，何者最接近「老河兵」對「河中石獸」移動原因的分析？

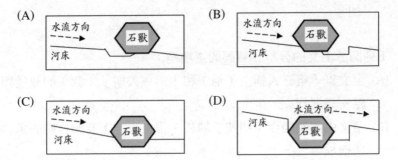

17. 上述故事的主要寓意為何？
    (A) 坐而言不如起而行
    (B) 學問之道無他，求其放心而已矣
    (C) 研究學問不可草率從事，須有充分的準備
    (D) 研判事理宜盱衡諸種因素，勿以一二常情臆斷

二、多選題（21 分）

說明：第 18 至第 24 題，每題各有 5 個選項，其中至少有一個是正確的。選出正確選項，劃記在答案卡之「選擇題答案區」。每題 3 分，各選項獨立計分，每答對一個選項，可得 0.6 分，每答錯一個選項，倒扣 0.6 分，整題未作答者，不給分亦不扣分。在備答選項以外之區域劃記，一律倒扣 0.6 分，倒扣至本大題之實得分數為零為止。

18. 閱讀右詩，選出詮釋符合詩意的選項：
    (A) 詩中描寫母親髮色的變化，意謂母親既為家庭付出，也隨著歲月年老

(B) 「髮浪一年一年逐漸後退」
　　意謂母親因年老而不再追
　　逐流行，改留長髮

(C) 「我從那紋理中站立起來」
　　意謂母親的額紋令我驚覺歲
　　月無情，不禁顫慄

(D) 「讀不完大地的包容與隱忍」
　　是以大地承載萬物的宏博無
　　私象徵母愛的偉大

(E) 詩中以「清晨的玫瑰」、
　　「黃昏的梅花」形容不同階
　　段的母親，以「錯落的蘆葦」
　　形容頭髮

> 在時光與家事不斷的洗染下
> 您的頭髮從黑洗到白，從白
> 又染成了灰，一如錯落的蘆葦
> 髮浪一年一年逐漸後退
> 留下一道一道深陷的紋理
> 在您曾經舒坦飽滿的額上
> 我從那紋理中站立起來
> 從春到秋，從玫瑰豔的清晨
> 到梅蕊香的黃昏—面對您的額紋
> 我讀不完大地的包容與隱忍
> 　　（向陽〈額紋—給媽媽〉）

19. 閱讀下文，選出敘述正確的選項：

　　嘉靖皇帝讀罷奏疏，其震怒的情狀自然可想而知。傳說他當時把奏摺往地上一摔，嘴裡喊叫：「抓住這個人，不要讓他跑了！」旁邊的宦官為了平息皇帝的怒氣，就不慌不忙地跪奏：「萬歲不必動怒。這個人向來就有痴名，聽說他已自知必死無疑，所以他在遞上奏本以前就買好一口棺材，召集家人訣別，僕從已經嚇得通通逃散。這個人是不會逃跑的。」嘉靖聽完，長嘆一聲，又從地上撿起奏本一讀再讀。

　　嘉靖沒有給予海瑞任何懲罰，但是把奏章留中不發。他不能忘記這一奏疏，其中有那麼多的事實無可迴避，可是就從來沒有人敢在他面前那怕是提到其中的一丁點！皇帝的情緒顯得很矛盾，他有時把海瑞比做古代的忠臣比干，有時又痛罵他為「那個痛罵我的畜物」。有時他責打宮女，宮女就會在背後偷偷的說：

「他自己給海瑞罵了，就找咱們出氣！」（黃仁宇《萬曆十五年·海瑞——古代的模範官僚》）

(A) 海瑞上奏疏前，群臣進言，大多迴避事實，多所顧忌

(B) 海瑞上給嘉靖皇帝的奏疏言人所未敢言，卻直指事實

(C) 摔奏摺、撿奏摺再三重讀的動作，刻畫嘉靖皇帝亟欲從奏疏中一一找出海瑞罪狀的憤恨心理

(D) 從嘉靖皇帝有時把海瑞比做忠臣比干，有時又痛罵他為「畜物」，可知海瑞表裡不一，行事反覆

(E) 從宮女背地裡說皇帝：「他自己給海瑞罵了，就找咱們出氣！」可知嘉靖皇帝對海瑞的指陳感到又羞又惱

20. 下列文句，敘述因月景而興發愉悅之情的選項是：

(A) 月景尤不可言，花態柳情，山容水意，別是一種趣味

(B) 三五之夜，明月半牆，桂影斑駁，風移影動，珊珊可愛

(C) 而或長煙一空，皓月千里，浮光躍金，靜影沉璧，漁歌互答，此樂何極

(D) 乃以箸擲月中。見一美人，自光中出，初不盈尺，至地，遂與人等。纖腰秀項，翩翩作霓裳舞

(E) 明月幾時有，把酒問青天。不知天上宮闕，今夕是何年。我欲乘風歸去，唯恐瓊樓玉宇，高處不勝寒

21. 早期的散曲頗受北方民歌影響，文句直率質樸，以通俗化、口語化為特點。下列散曲，風格**明顯**符合上述特質的選項是：

(A) 獨自走，踏成道，空走了千遭萬遭。肯不肯疾些兒通報，休直到教耽擱得天明了

(B) 舊酒沒，新醅潑，老瓦盆邊笑呵呵。共山僧野叟閒吟和，他出一對雞，我出一個鵝，閒快活

(C) 掛絕壁枯松倒倚，落殘霞孤鶩齊飛。四周不盡山，一望無窮
　　水。散西風滿天秋意。夜靜雲帆月影低，載我在瀟湘畫裏

(D) 黃蘆岸白蘋渡口。綠楊堤紅蓼灘頭。雖無刎頸交，卻有忘機
　　友。點秋江白鷺沙鷗。傲殺人間萬戶侯。不識字煙波釣叟

(E) 興亡千古繁華夢，詩眼倦天涯。孔林喬木，吳宮蔓草，楚廟
　　寒鴉。數間茅舍，藏書萬卷，投老村家。山中何事，松花釀
　　酒，春水煎茶

22. 《論語・公冶長》：「禦人以口給，屢憎於人」，「屢憎於人」
　　是「常常被人所憎」之意，屬於「被動句」。下列含有「於」的
　　句子，也屬於「被動句」的選項是：

(A) 鉏櫌棘矜，非銛於鉤戟長鎩也

(B) 損民以益讎，內自虛而外樹怨於諸侯

(C) 君子寡欲，則不役於物，可以直道而行

(D) 晉侯、秦伯圍鄭，以其無禮於晉，且貳於楚也

(E) 山川相繆，鬱乎蒼蒼，此非孟德之困於周郎者乎

23. 下列各選項畫底線的文句，是對其前面的文句（未畫底線者）進
　　行「舉例說明」的是：

(A) 詣太守，說如此，太守即遣人隨其往，尋向所誌，遂迷不復
　　得路

(B) 先帝知臣謹慎，故臨崩寄臣以大事也，受命以來，夙夜憂嘆，
　　恐託付不效，以傷先帝之明

(C) 風至，硫氣甚惡，更進半里，草木不生，地熱如炙，左右兩
　　山多巨石，為硫氣所觸，剝蝕如粉

(D) 文人相輕，自古而然，傅毅之於班固，伯仲之間耳，而固小
　　之，與弟超書曰：武仲以能屬文，為蘭臺令史，下筆不能自
　　休

(E) 所以謂人皆有不忍人之心者，<u>今人乍見孺子將入於井，皆有
忧惕惻隱之心，非所以內交於孺子之父母也，非所以要譽於
鄉黨朋友也</u>

24. 在言談書寫中讚美對方，除了能讓受話的對方有好印象，也有助
於達成交際目的。下列敘述，敘說者選用「讚美對方」的技巧的
選項是：

(A) 紅拂投奔李靖時對李靖說：「妾侍楊司空久，閱天下之人多
矣，未有如公者。絲蘿非獨生，願託喬木，故來奔耳。」

(B) 張良對項羽說：「沛公不勝桮杓，不能辭。謹使臣良奉白璧
一雙，再拜獻大王足下；玉斗一雙，再拜奉大將軍足下。」

(C) 劉姥姥遇見賈惜春時說：「我的姑娘！你這麼大年紀兒，又
這麼個好模樣兒，還有這個能幹，別是個神仙托生的罷。」

(D) 孟嘗君對馮諼說：「文倦於事，憒於憂，而性懧愚，沉於國
家之事，開罪於先生。先生不羞，乃有意欲為收責於薛乎？」

(E) 蘇轍在給韓琦的信中說：「轍之來也，於山見終南、嵩、華
之高，於水見黃河之大且深，於人見歐陽公，而猶以為未見
太尉也！」

第貳部分：非選擇題（佔45分）

說明：本大題共有二題，請依各題指示作答，答案務必寫在「答案
卷」上，並標明題號。

一、文章解讀（18分）

　　　　閱讀框線內的文字，並根據你對《楚辭‧漁父》和屈原的了
解，說明文中如何描述屈原的外貌？這些描述凸顯了屈原性格上
的何種特徵？請以200字—250字加以說明。

　　（漁父）睡了一覺，下午的日光還是一樣白。

　　他一身汗，濕津津的，恍惚夢中看到一個人。

　　一個瘦長的男人吧，奇怪得很，削削瘦瘦像一根枯掉的樹，臉上露著石塊一樣的骨骼。眉毛是往上挑的，像一把劍，鬢角的髮直往上梳，高高在腦頂綰了一個髻，最有趣的是他一頭插滿了各種的野花。

　　杜若香極了，被夏天的暑氣蒸發，四野都是香味。這男子，怎麼會在頭上簪了一排的杜若呢？

　　漁父仔細嗅了一下，還不只杜若呢！這瘦削的男子，除了頭髮上插滿了各種香花，連衣襟、衣裾都佩著花，有蘼蕪，有芷草，有鮮血一樣的杜鵑，有桃花，柳枝。漁父在這汨羅江邊長大，各種花的氣味都熟，桂花很淡，辛夷花是悠長的一種香氣，好像秋天的江水……

　　「你一身都是花，做什麼啊？」

　　漁父好像問了一句，糊裡糊塗又睡著了。

（蔣勳〈關於屈原的最後一天〉）

二、作文（27分）

　　生活中總會碰到一些料想不到的事，面對意外之事，該如何處理，處理之後可以讓人獲得什麼樣的體悟？請以「應變」為題，寫一篇結構完整的文章，議論、敘事、抒情皆可，文長不限。

九十九年度指定科目考試國文科試題詳解

第壹部分：選擇題

一、單選題

1. **B**

【解析】 甲、ㄧㄝˊ／ㄧ、

乙、ㄓㄨㄛˊ／ㄓㄨㄛˊ

丙、ㄓㄨㄟˋ／ㄔㄨㄢˊ

丁、ㄔˊ／ㄓ

戊、ㄍㄨˋ／ㄍㄨˋ

己、ㄒㄧㄝˋ／ㄒㄩㄝˋ

2. **D**

【解析】 (A) 絮絮「叨叨」→叨叨

(B) 人文「繪」萃→薈

(C) 「夏」然而止→戛

3. **C**

【解析】 請注意畫線的部分，即解題關鍵所在。

「地壇的<u>古園</u>彷彿就是為了等我，而□□□□在那兒<u>等待了四百多年</u>。它等待我出生，然後又等待我活到最狂妄的年齡上忽地殘廢了雙腳。四百多年裡，它一面<u>剝蝕了</u>古殿檐頭浮誇的琉璃，□□了門壁上<u>炫耀的朱紅</u>，坍圮了一段段<u>高牆</u>又<u>散落了</u>□□□□」

4. **B**

【解析】　(A) 並列／牙齒

　　　　　(B) 皆內心之意

　　　　　(C) 眼睛／條目

　　　　　(D) 手指／以手指明意向

5. **D**

【解析】　由首句登樓引發相思，故選丁、向彩箋寫遍相思。寫完先封後寄，故接乙、丙。最後收信者的反應——甲、開看、和淚收。

【語譯】　　眼珠凝望遠方。後悔登上高樓。莫惹起，新愁舊愁壓上心頭。在彩箋寫滿相思的文字，封了又封，卷了又卷，密寄書信。我想信到他手上，會時時開看，看一回也淚流一回，要知道，這般苦痛就像病染在你我心頭。

6. **B**

【解析】　因為前一句「杜甫並不卑視齊梁」，所以「而是主張_（乙）_」與 (B) 乙可填入「自從建安來，綺麗不足珍」就矛盾不相連貫

7. **B**

【解析】　(A) 紐約時報在周日書評找評論家討論《旭日東昇》這部小說

　　　　　(C) 達文西密碼與仇日情結無關

　　　　　(D) 真正的驚悚是「一定得讓讀者懷疑自己所存在的世界，震撼了既有的規則與想像」

8. **A**

　　【解析】　甲、從「不行而知，不見而名，不爲而成」推斷出道家

　　　　　　　乙、從「法與時移而禁與能變」推斷出法家

　　　　　　　丙、從「生禮義」推斷出儒家

　　　　　　　丁、從「尚同」推斷出墨家

9. **A**

　　【解析】　由「損百斛予使釁酒」、「旣涉貴顯，雖篇什日繁，而惡道坌出」推斷其原因乃 (B) 心隨境遇而異

10. **C**

　　【語譯】　你穿著彩衣，很情深地捧起酒杯，想當年即使喝醉，臉頰火紅，也是甘願的。舞姿把月兒也吸引到楊柳樓中，歌聲則透過桃花扇底散入風中。　自從別後，常想能再相見。幾次做夢也同你在一起。今晚我舉起銀燈照了又照，怕又只是在夢中相逢而已。

11. **C**

　　【解析】　韓愈與韓老成分屬叔姪，情同兄弟，而 (A) 爲悼師長 (B) 爲悼手足 (D) 爲悼同學之輓聯

12-13爲題組

12. **B**

13. **B**

<u>14-15為題組</u>

14. **C**

15. **C**

<u>16-17為題組</u>

16. **A**

【解析】「其反激之力，必於石下迎水處齧沙為坎穴」為關鍵
句，既言「迎水處」所以先刪除(D)，又言「反激之力」、
「於石下」、「齧沙為坎穴」故選(A)

17. **D**

【解析】「以為順流而下」或講學家所說：「湮於沙上，漸沉漸
深」皆臆斷之言，而老河兵則盱衡種種因素以研判

二、多選題

18. **ADE**

【解析】(B) 意謂頭髮日益稀少
(C) 意謂孩子的成長是媽媽一生的付出

19. **ABE**

【解析】(C) 刻畫皇帝羞怒，但海瑞所言「有那麼多的事實無可
迴避，可是就從來沒有人敢在他面前那怕是提到其
中的一丁點！」
(D) 可知皇帝的情緒很矛盾

20. **ABC**

【解析】 (D) 寫道士法術

(E) 寫月夜懷念子由，皆非因月景而興發愉悅之情

21. **AB**

【解析】 從質樸、通俗、口語等條件來判斷，而 (C) (D) (E) 都有用典，自非俚俗

22. **CE**

【語譯】 (A) 於，比　　　　　(B) 於，在

(D) 於，對於

23. **DE**

【解析】 (A) (B) (C) 都非「舉例說明」

24. **ACE**

【解析】 (B) 未讚美對方，只有解釋致意

(D) 未讚美對方，只有自責道歉

第貳部分：非選擇題

一、文章解讀

　　文中描繪屈原骨瘦如柴，臉上露著石塊一樣的骨骼，眉毛是往上挑的，像一把劍，突顯屈原堅毅的性格，傲骨嶙峋像劍一般的剛硬與鋒利；鬢角的髮往上梳，高高在腦頂綰了一個髻，顯示屈原即使在惡劣的環境與心情中，仍有君子對儀表的要求，也象徵屈原不屈與高潔的心志；而全身配滿了各式香花，則表現屈原高潔的情操與理想，鮮

血一般的杜鵑，代表不懼犧牲對眞理的追求；悠長的辛夷花，代表君子的情操的悠長，不隨時間改變。整體外型的描述，突顯屈原，潔身自愛，超然高舉，不受世俗濁流的汙染的個性；而糊裡糊塗，半夢半醒的漁父也對照了屈原的獨清獨醒。

（陳興國文語表專任教師／許清龍 撰寫）

二、作文

【範文】

應變

　　科技的日新月異，網路的蓬勃發展，造成了人與人之間緊密交流，更造就了瞬息萬變的社會。身為新世代的我們，要如何面對層出不窮的「變」：從情場失意到課業下滑，從聖嬰現象造成的氣候劇變到金融風暴造成的全球經濟不景氣，小至個人大至全球，我們每日都在面對著各式各樣的危機，而要如何臨危不亂，就端看我們的應變能力。

　　日前我國網球好手盧彥勳在溫布頓網球賽中大爆冷門，擊敗前球王洛迪克，成為亞洲第一位進入前八強的選手。他是如何辦到的？靠的就是危機處理的應變能力。不管對手如何刁鑽，他總是告訴自己要沉著應對，一次又一次的化解意外危機，在每一個不可能當中尋找獲勝的契機，終於力克強敵。因此我認為，「應變」的首要之務，就是要有堅持到底的決心，相信自己一定能妥善處理危機，並盡量的尋找各種可能性來突破困境。

　　但在「持之以恆的應變」背後，我想更重要的，是要先準備好自己，是自己擁有「足以尋找各種可能性解決危機」的能力。從小到大，因為善於寫作，我一直是參加即席演說比賽的選手；而即席演說比賽的題目五花八門，每每都在考驗著選手的臨機應變能力。但我相信不

管有再多的意外，都還是可以準備的！我蒐集歷屆演講比賽題目，期待找出命題方向的蛛絲馬跡；我剪輯近年來發生的重要時事，確保自己對熱門議題皆能精準掌握。當同學在酣甜的午休時，我在國文老師的指導下一次又一次的練習；當夜闌人靜家人已沉入夢鄉時，我仍在桌前搜索枯腸，充分的準備每個考古題並補足所需材料。我也許不是最有天份的選手，但我相信我絕對是最認真的選手！

在如此萬全的準備之下，使我能夠胸有成竹的面對一切挑戰！雖然我總是運氣不佳，抽不到準備過的題目，但在穩紮穩打的準備之下，我往往能夠從容的面對題目，將各種素材融會貫通組織成條理分明的內容，因此曾獲得兩屆台中市即席演說比賽第一名，甚至還曾獲得全國第一名的佳績。這些準備即席演說比賽的經驗，讓我深深的體認到：「應變能力」是可以培養的，而且「機會，是留給準備好的人的」！當我們有紮實的準備後，任何意外或疑難雜症都能迎刃而解。

應變能力不只對個人重要，對國家社稷甚至全世界亦有不可忽視的重要性。莫拉克颱風過後，能不能在第一時間展開救援，關係到好幾十條孤立無援的人命；在政府允許美國牛肉進口後引起滔天爭議，如何處理也在考驗著政府官員在人民健康與外交關係間權衡的智慧；在複製技術日益進步的情況下，面對複製人將帶來的倫理道德爭議已經成了遲早的問題。這些「變」所關係到的已不僅僅是個人，需有賴許多人的優秀應變能力才能一一化解危機。

蘇軾曾在赤壁賦中告訴我們，要「以不變應萬變」的態度面對「變」這個議題，而我以為，此「不變」的前提，該是萬全的準備以持之以恆的決心！倘若我們皆能據此培養出優秀的應變能力，一定能帶領台灣突破重重困境，解決各種危機，而登上世界舞台！

（陳興國文語表專任教師／吳臻 撰寫）

九十九學年度指定科目考試（國文）
大考中心公佈答案

題　號	答　　案	題　號	答　　案
1	B	16	A
2	D	17	D
3	C	18	ADE
4	B	19	ABE
5	D	20	ABC
6	B	21	AB
7	B	22	CE
8	A	23	DE
9	A	24	ACE
10	C		
11	C		
12	B		
13	B		
14	C		
15	C		

九十九學年度指定科目考試
各科成績標準一覽表

科　目	頂　標	前　標	均　標	後　標	底　標
國　文	67	62	54	44	36
英　文	79	69	48	26	13
數學甲	79	65	45	25	14
數學乙	88	78	60	40	22
化　學	68	57	38	21	12
物　理	57	43	24	12	6
生　物	81	73	58	40	28
歷　史	75	68	57	43	31
地　理	63	56	46	34	26
公民與社會	52	44	34	23	16

※ 以上五項標準均取為整數（小數只捨不入），且其計算均不含缺考生之成績，
　計算方式如下：
　頂標：成績位於第 88 百分位數之考生成績。
　前標：成績位於第 75 百分位數之考生成績。
　均標：成績位於第 50 百分位數之考生成績。
　後標：成績位於第 25 百分位數之考生成績。
　底標：成績位於第 12 百分位數之考生成績。
例：　某科之到考考生為 99982 人，則該科五項標準為
　　頂標：成績由低至高排序，取第 87985 名（99982×88%=87984.16，取整數，
　　　　小數無條件進位）考生的成績，再取整數(小數只捨不入)。
　　前標：成績由低至高排序，取第 74987 名（99982×75%=74986.5，取整數，
　　　　小數無條件進位）考生的成績，再取整數(小數只捨不入)。
　　均標：成績由低至高排序，取第 49991 名（99982×50%=49991）考生的成績，
　　　　再取整數(小數只捨不入)。
　　後標：成績由低至高排序，取第 24996 名（99982×25%=24995.5，取整數，
　　　　小數無條件進位）考生的成績，再取整數(小數只捨不入)。
　　底標：成績由低至高排序，取第 11998 名（99982×12%=11997.84，取整數，
　　　　小數無條件進位）考生的成績，再取整數(小數只捨不入)。

九十八年大學入學指定科目考試試題
國文考科

第壹部分：選擇題（佔55分）

一、單選題（34分）

說明：第1至第17題，每題選出一個最適當的選項，劃記在答案卡之「選擇題答案區」。每題答對得2分，答錯或劃記多於一個選項者倒扣2/3分，倒扣至本大題之實得分數零分為止。未作答者，不給分亦不扣分。

1. 下列各組文句中，「」內的字讀音相同的選項是：
   (A)「裨」補闕漏（諸葛亮〈出師表〉）／侍「婢」羅列（杜光庭〈虯髯客傳〉）
   (B) 若「劓」刺狀（方孝孺〈指喻〉）／何不餔其糟而「歠」其醨（屈原〈漁父〉）
   (C) 貧賤則「懾」於飢寒（曹丕《典論·論文》）／農夫「躡」絲履（司馬光〈訓儉示康〉）
   (D) 乃使人修「葺」南閤子（歸有光〈項脊軒志〉）／無「揖」讓拜跪禮（陳第〈東番記〉）

2. 漢字是目前極少數還保留表意功能的文字，早期漢字尤其明顯，例如：「鬥」字，甲骨文寫作「𤉾」，像兩個人徒手搏鬥的樣子。根據下列「冊」、「明」、「監」三字在早期漢字所表示的意義加以判斷，與字形配對正確的選項是：
   冊：用繩子編綴成篇的竹簡
   明：月光照在窗上

監：一個人低頭對著器皿中的水照臉

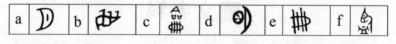

(A) 冊＝c　　明＝a　　監＝f　　　(B) 冊＝a　　明＝b　　監＝e

(C) 冊＝b　　明＝d　　監＝c　　　(D) 冊＝e　　明＝d　　監＝f

3. 下列文句完全無錯別字的選項是：

(A) 寄居陌生異地的老李，整日面對著窗外一大片荒漠的原野，口裡默不作聲，心中滿是寂寞

(B) 他喜歡教人如何為人處世，但是細加推敲，這些道理往往似是而非，聽後反而更叫人無所是從

(C) 向來隱忍退讓的班長，如今遇到事關全班厲害，立刻鼓勵全班同學一齊苦思各種方法來應付利害的對手

(D) 想想以前年少時的荒唐，李文後悔不已，大家只有勸他往者以矣，今後唯有以己身的決心毅力，更加的力爭上游

4. 下列各文句，「」內的語詞不作動詞用的選項是：

(A) 有一母見信飢，「飯」信

(B) 不耕而食，不「蠶」而衣

(C) 因「面」峰腋寺，作為草堂

(D) 北飲大澤，未至，「道」渴而死

5. 下列文句的用法，語意無矛盾或語詞使用正確無誤的選項是：

(A) 毒奶粉事件造成商家、民眾重大損失，政府機關應避免此類中毒事件再度發生，損害公家機關負面形象

(B) 景氣寒冬中，求職市場亦委靡不振，然保險業、民生消費業可望釋出多數職缺，為低迷的人力市場注入活水

(C) 昨夜一場大火奪走兩口性命，一對夫妻逃生不及，雙雙命喪火窟，遺下的三子一女如喪考妣悲慟萬分，難以接受噩耗

(D) 卡玫基颱風重創中台灣，不只造成台中市道路多處坍塌、河川潰堤，同時還造成一百四十多棟大樓地下室淹水，上千輛轎車、機車泡水，付之一炬

6. 下列文句中，_____依序而填，最適當的選項是：

　　這本名著的作者究竟是誰，一直（甲），莫衷一是，但對它的文學價值與藝術成就，大家卻都（乙）加以推崇，毫無爭議。全書角色刻畫（丙），情節發展（丁），具有令讀者愛不忍釋、廢寢忘食的魅力。

(A) 議論紛紛／七嘴八舌／井然有序／洶湧起伏

(B) 言人人殊／有志一同／唯妙唯肖／千錘百鍊

(C) 眾口鑠金／同聲附和／別開生面／波瀾壯闊

(D) 眾說紛紜／異口同聲／栩栩如生／千迴百折

7. 下列各文句「」中的句意，解釋正確的選項是：

(A) 秦有餘力而制其敝，「追亡逐北」：是說秦軍大勝，追趕敗逃的敵軍將之驅逐至北方（賈誼〈過秦論〉）

(B) 「而君慮周行果」，非久於布衣者也：是稱讚對方思慮周密，故行事皆能有好的結果（方孝孺〈指喻〉）

(C) 於水見黃河之大且深，於人見歐陽公，「而猶以為未見太尉也」：是指見到歐陽脩後，歐陽脩還以為蘇轍尚未見過韓琦之面（蘇轍〈上樞密韓太尉書〉）

(D) 武陵人誤入桃源，余曩者嘗疑其誕，「以水沙連觀之，信彭澤之非欺我也」：意謂從水沙連的風土人情來看，陶淵明筆下的世外桃源的確不是虛構騙人的（藍鼎元〈紀水沙連〉）

8. 斟酌下引詩歌的意境、旨趣，□□內依序最適合填入的選項是：

夜漸漸地冷了，我猶對燈獨坐

冬夜讀書，忍對一天地間的□□

僅僅隔一層窗，薄薄的紙

我猶挑燈夜讀，忍受一身□□

每一個字是概念，每一句子是命題

是力量，是行動，是一個生生不息的宇宙

　　　　　　有熱，有光

在沉寂如死的夜心，我聽到一個聲音

呼喚我的名字：我欲

　　　　　□□□□　　　　　（方思〈聲音〉）

 (A) 黑暗／創傷／乘風歸去　　　　(B) 黑暗／寒意／推窗出去

 (C) 寂寞／創傷／推窗出去　　　　(D) 寂寞／寒意／乘風歸去

9. 斟酌下引律詩的詩境，□內的語詞最適宜填入的選項是：

獨有宦遊人，偏□物候新。雲霞出海曙，梅柳渡江□。

淑氣催黃鳥，□□轉綠蘋。忽聞歌古調，□□欲霑襟。

 (A) 驚／春／晴光／歸思　　　　(B) 逢／明／晴光／離愁

 (C) 驚／明／南風／歸思　　　　(D) 逢／春／南風／離愁

10. 「我忍住淚回轉身看視野迷濛的山下，半腰一棵大榕樹，再下去一片芒草坡；視線拉平，是田埂縱橫的稻田，松山區信義路尾。《詩經》說：豈無膏沐，誰適爲容？這不正是她的寫照嗎？她黑裪黑褲，臉上不施脂粉；久久才站起，用手背抹去臉上的淚水，招呼大家收拾祭物，回家。」（陳義芝〈寧波女子〉）

上引文字，依文意推敲，文中的「她」祭弔的對象是：

 (A) 父親　　　(B) 丈夫　　　(C) 子女　　　(D) 兄弟

11. 下引文字，依文意排列，順序最恰當的選項是：

「替老人家扣了安全帶，他沒說太緊／我們深深潛入月光，開車沿著濱海／我是鮭魚／

甲、我們一道游向宜蘭老家歸去／每遇到大轉彎就覺得父親要離我而去

乙、我側頭看看他／父親的回眸是大理石罈蓋澱過來的月光

丙、骨灰罈子裡的父親，他也是鮭魚

丁、銀色的世界風景連綿／這是我的世界，在公雞未啼的凌晨／更像是父親的世界

而此刻正是我們父子共處對話／今天父親不再咳嗽，比往常沉默」（黃春明〈帶父親回家〉）

(A) 丙丁甲乙　　(B) 丙甲乙丁　　(C) 甲乙丙丁　　(D) 甲丙丁乙

12. 以下引文都是歷史人物自述情懷的歌辭，其中最可能是漢高祖劉邦之辭的選項是：

(A) 太（泰）山壞乎！梁柱摧乎！哲人萎乎！

(B) 大風起兮雲飛揚，威加海內兮歸故鄉，安得猛士兮守四方！

(C) 力拔山兮氣蓋世，時不利兮騅不逝。騅不逝兮可奈何，虞兮虞兮奈若何！

(D) 登彼西山兮，采其薇矣。以暴易暴兮，不知其非矣。神農、虞、夏忽焉沒兮，我安適歸矣？于嗟徂兮，命之衰矣！

13. 下引各文句，據文意判斷其學派歸屬，排列順序正確的選項是：

甲、聖人之心靜乎，天地之鑑也，萬物之鏡也。夫虛靜恬淡、寂寞無為者，天地之平而道德之至。

乙、於此有人焉，入則孝，出則悌，守先王之道，以待後之學者，而不得食於子。子何尊梓匠輪輿而輕為仁義者哉？

丙、去規矩而妄意度，奚仲不能成一輪；廢尺寸而差短長，王爾不能半中。使中主守法術，拙匠守規矩尺寸，則萬不失矣。

〔奚仲、王爾：兩位古代巧匠〕

(A) 道家／儒家／法家　　　　(B) 儒家／墨家／法家

(C) 道家／法家／墨家　　　　(D) 儒家／墨家／道家

14. 下列有關電話的應對或信件的書寫方式，敘述正確的選項是：

(A) 打錯電話時，應向對方致歉，並詢問清楚對方姓名，以免日後再度犯錯

(B) 寫信給師長時，在信首宜尊稱對方老師；但在信末署名部分，則可直接寫上自己的小名、暱稱，以拉近和老師的距離

(C) 寫信時，信封應針對長幼、性別、身分而有不同的稱呼，現今寫信常不分對象，一律冠以「○○○君收」的寫法是不正確的

(D) 近日詐騙橫行，寫信時為防洩漏身份資料，信封應該不寫寄信地址，也不必署名，而以「知名不具」或「內詳」替代，雙方彼此明白即可

15. 下列有關文學常識的敘述，正確的選項是：

(A) 傳奇是小說的代稱，明、清兩代的傳奇都是傳述奇聞異事的小說

(B) 詞是可以歌唱、配樂的韻文，藉由詞人所用的詞牌，即可了解詞作的內容

(C) 先秦諸子散文各具特色，如孟子善於雄辯、氣勢壯闊，莊子善用寓言、想像豐富

(D) 白居易大力提倡新樂府運動，其反映現實的主張，影響深遠，如《東坡樂府》即宋代新樂府的代表作

16-17為題組

請先閱讀下列短文，然後回答以下問題：

楚人居貧，讀《淮南》，方得「螳螂伺蟬自鄣葉可以隱形」，遂於樹下仰取葉。螳螂執葉伺蟬，以摘之，葉落樹下，樹下先有落葉，不能復分，別埽取數斗歸，一一以葉自鄣，問其妻曰：「汝見我不？」妻始時恆答言：「見。」經日乃厭倦不堪，紿云：「不見。」嘿然大喜，齎葉入市，對面取人物，吏遂縛詣縣，縣官受辭，自說本末，官大笑，放而不治。

16. 根據上文，下列敘述正確的選項是：
   (A) 楚人異想天開學螳螂隱形，在當面行竊時卻因學藝不精而被捕
   (B) 縣官因楚人罪甚輕，又同情他被妻子所騙，故大笑而網開一面
   (C) 樹下落葉太多，楚人找不到正確的螳螂樹葉，遂導致失手被捕
   (D) 楚人言行荒唐無聊，妻子不堪其擾，隨口敷衍，他卻信以為真

17. 根據上文，下列文句「　」中字音、字義不正確的選項是：
   (A) 紿云不見／「紿」音「ㄉㄞˋ」，欺騙之意
   (B) 齎葉入市／「齎」音「ㄓㄞ」，即「摘」之意
   (C) 吏遂縛詣縣／「詣」音「一ˋ」，「到、往」之意
   (D) 一一以葉自鄣／「鄣」音「ㄓㄤˋ」，障蔽、遮掩之意

二、多選題（21 分）

說明：第 18 至第 24 題，每題各有 5 個選項，其中至少有一個是正確的。選出正確選項，劃記在答案卡之「選擇題答案區」。每題 3 分，各選項獨立計分，每答對一個選項，可得 0.6 分，每答錯一個選項，倒扣 0.6 分，整題未作答者，不給分亦不扣分。在備答選項以外之區域劃記，一律倒扣 0.6 分，倒扣至本大題之實得分數為零為止。

18. 下列各組文句中，「」內的字義相同的選項是：

　　(A) 〈諫逐客書〉：不問可否，不論「曲」直／《典論・論文》：「曲」度雖均，節奏同檢

　　(B) 〈登樓賦〉：情眷眷而懷「歸」兮，孰憂思之可任／〈歸去來兮辭〉：歸去來兮，田園將蕪胡不「歸」

　　(C) 《孟子・滕文公上》：雖使五尺之童「適」市，莫之或欺／〈赤壁賦〉：是造物者之無盡藏也，而吾與子之所共「適」

　　(D) 《荀子・勸學》：「假」舟楫者，非能水也，而絕江河／《後漢書・黨錮列傳序》：王道陵缺，而猶「假」仁以效己，憑義以濟功

　　(E) 《莊子・天運》：古之至人，假道於仁，託宿於義，以「遊」逍遙之虛／〈始得西山宴遊記〉：洋洋乎與造物者「遊」而不知其所窮

19. 「文學作品是不能離開現實的，古今中外優秀的文學作品，莫不含有一種現實的因素。如果我們自承是時代的兒女，便應勇敢的接受他給予我們的使命，記錄這時代的動態，使文學作品在藝術的價值之外，更富有歷史意義、時代精神。」（改寫自張秀亞《作品與時代》代序）

　　下引文字符合上文作者所說「富有歷史意義、時代精神」的選項是：

(A) 戰爭坐在此哭誰／它的笑聲　曾使七萬個靈魂陷落在比睡眠還深的地帶

(B) 梅雪都回到冬天去了／千山外，一輪斜月孤明／誰是相識而猶未誕生的那再來的人呢？

(C) 你的淚，化作潮聲。你把我化入你的淚中／波浪中，你的眼眸跳動著我的青春，我的暮年

(D) 宣統那年的風吹著／吹著那串紅玉米／……好像整個北方／整個北方的憂鬱／都掛在那兒

(E) 就讓那嬰兒　像流星那麼／胎殞罷　別惦著姓氏　與乎存嗣／反正　大荒年之後　還要談戰爭／我不如仍去當傭兵（我不如仍去當傭兵）／我曾夫過父過　也幾乎走到過

20. 春天本是鳥語花香，大地充滿蓬勃、熱鬧生機的季節，但是《寂靜的春天》一書作者卻有意以<u>對比</u>的死寂、靜默為書命名，為的是警告人類勿濫用化學殺蟲劑危害地球自然環境。下列書籍的命名方式，同樣是刻意運用此種<u>以相反情境作對比</u>的選項是：

(A) 《窮得只剩下錢》　　　　(B) 《百年來的孤寂》

(C) 《過於喧囂的孤獨》　　　(D) 《世界又平又熱又擠》

(E) 《不能承受的生命之輕》

21. 好的翻譯不應只是直接的語譯，而宜兼顧意義的正確與意境的掌握，同時可以呼應原文的優美。依此標準，以下〈岳陽樓記〉「至若春和景明，波瀾不驚，上下天光，一碧萬頃；沙鷗翔集，錦鱗游泳，岸芷汀蘭，郁郁青青。而或長煙一空，皓月千里，浮光躍金，靜影沉璧，漁歌互答，此樂何極！」的翻譯，正確的選項是：「至於春氣和暢、陽光明媚的日子，

(A) 湖面波平浪靜，山色相互輝映，一片碧綠，廣闊無邊；

(B) 沙洲的鷗鳥時而飛翔、時而止息，美麗的魚兒悠然的游來游去；

(C) 湖岸的芷草，沙洲的蘭花，洋溢著青春的色彩。

(D) 而有時瀰漫的霧氣全部消散，皎潔的月光流瀉千里，

(E) 隨波浮動的月光，彷彿是閃耀的黃金，靜靜倒映的月影，就像是沉落的璧玉，漁人的歌聲彼此唱和，這種快樂眞是無窮無盡！」

22. 關於下引文字，敘述正確的選項是：

　　初，買臣免，待詔，常從會稽守邸者寄居飯食。拜爲太守，買臣衣故衣，懷其印綬，步歸郡邸。直上計〔古代地方官向朝廷上報境內戶口、賦稅、盜賊、獄訟等文書，以供考績，謂之上計〕時，會稽吏方相與羣飲，不視買臣。買臣入室中，守邸與共食，食且飽，少見〔見，顯示〕其綬。守邸怪之，前引其綬，視其印，會稽太守章也。守邸驚，出語上計掾吏。皆醉，大呼曰：「妄誕耳！」守邸曰：「試來視之。」其故人素輕買臣者入內視之，還走，疾呼曰：「實然！」坐中驚駭，白守丞，相推排陳列中庭拜謁。買臣徐出戶。有頃，長安廄吏乘駟馬車來迎，買臣遂乘傳去。（《漢書·朱買臣傳》）

(A) 朱買臣「衣故衣，懷其印綬，步歸郡邸」，乃是爲了表現廉潔的形象

(B) 朱買臣步行回郡邸時，會稽官吏「不視買臣」，是因爲官吏忙於應酬，無暇理會他

(C) 官吏「大呼曰：『妄誕耳！』」是因爲他們直覺地認爲朱買臣並沒有官拜太守的能耐

(D) 朱買臣後來「徐出戶」，顯示他刻意要讓那些有眼不識泰山的人延長拜謁及困窘的時間

(E) 朱買臣「少見其綬」的舉動，顯示出他十分在意他人的觀感，內心亟欲人知他已非昔日吳下阿蒙

23. 下列詩句均是文學史上名家詩篇的名句摘錄，請仔細閱讀，並選
　　出敘述正確的選項：

　　甲、夕陽無限好，只是近黃昏

　　乙、感時花濺淚，恨別鳥驚心

　　丙、舉杯邀明月，對影成三人

　　丁、花徑不曾緣客掃，蓬門今始為君開

　　戊、問渠那得清如許，為有源頭活水來

　　己、不識廬山真面目，只緣身在此山中

　　庚、白日放歌須縱酒，青春作伴好還鄉

　　(A) 乙戊己都是宋詩　　　　　(B) 甲戊己原詩皆為絕句

　　(C) 乙丁庚都是對仗的詩句　　(D) 其中有三項是杜甫的名句

　　(E) 甲丙庚都是李白的作品

24. 下列有關經典或文學常識的敘述，正確的選項是：

　　(A) 《詩經》從性質上分，有風、雅、頌三類；從作法上分，有賦、
　　　　比、興三種；合稱「六義」

　　(B) 漢代的詩有樂府和古詩，二者原本都配樂可歌，後來與音樂
　　　　的關係疏離，變成單純創作、閱讀的作品

　　(C) 《春秋》編年紀事，《左傳》亦編年紀事，《史記》為紀傳體，
　　　　《漢書》亦紀傳體，後代正史都用紀傳體

　　(D) 「志怪」為魏晉六朝小說的重要特徵，至後代猶有繼承者，
　　　　如《聊齋誌異》即其中非常著名的代表作

　　(E) 《論語》是記錄孔子言談舉止的重要著作，展現孔子的思想、
　　　　情懷、人生態度及其與學生的互動情形。漢代獨尊儒術，《論
　　　　語》被尊為經典，與《孟子》、《大學》、《中庸》合稱為
　　　　「四書」

第貳部分：非選擇題（佔 45 分）

說明：本大題共有二題，請依各題指示作答，答案務必寫在「答案卷」上，並標明題號。

一、簡答（9 分）

　　齊人有馮諼者，貧乏不能自存，使人屬孟嘗君，願寄食門下。孟嘗君曰：「客何好？」曰：「客無好也。」曰：「客何能？」曰：「客無能也。」<u>孟嘗君笑而受之</u>，曰：「諾！」左右以君賤之也，食以草具。居有頃，倚柱彈其劍，歌曰：「長鋏歸來乎！食無魚！」左右以告。孟嘗君曰：「食之，比門下之客。」居有頃，復彈其鋏，歌曰：「長鋏歸來乎！出無車！」<u>左右皆笑之</u>，以告。孟嘗君曰：「為之駕，比門下之車客。」於是乘其車，揭其劍，過其友，<u>曰：「孟嘗君客我！」</u>後有頃，復彈其劍鋏，歌曰：「長鋏歸來乎！無以為家！」左右皆惡之，以為貪而不知足。孟嘗君問：「馮公有親乎？」對曰：「有老母。」孟嘗君使人給其食用，無使乏。於是馮諼不復歌。（《戰國策・齊策》）

　　上列引文是大家熟悉的馮諼客孟嘗君的故事，其中三處畫線部分，分別表現了孟嘗君、左右之人、馮諼的心態。**請閱讀全文，仔細推敲，分別說明三者的心態。**〔注意：<u>**請標號分項說明**</u>。〕

二、作文（36 分）

　　生活裡充滿了令人迷惑的人、事、現象……，孔子四十而不惑，那真是大智慧、大人格！平凡的我們是不可能的，但也無妨「雖不能至，心嚮往之」。

<u>**請以「惑」為題，寫一篇結構完整的文章**</u>，議論、敘事、抒情皆可，文長不限。

九十八年度指定科目考試國文科試題詳解

第壹部分：選擇題

一、單選題

1. **A**

　【解析】(A) ㄅㄧˋ　　　　　　(B) ㄉㄨㄛˊ／ㄔㄨㄛˋ
　　　　　(C) ㄓㄜˊ／ㄋㄧㄝˋ　(D) ㄑㄧˋ／ㄧˊ

2. **D**

　【解析】a. 月　b. 眉　c. 侖　d. 明　e. 冊　f. 監

3. **A**

　【解析】(B) 無所「適」從
　　　　　(C) 全班「利」害　「厲」害的對手
　　　　　(D) 往者「已」矣

4. **D**

　【解析】(A) 「飯」信：供食，動詞
　　　　　(B) 不「蠶」而衣：養蠶，動詞
　　　　　(C) 「面」峰：對著，動詞
　　　　　(D) 「道」渴而死：途中，名詞

5. **B**

　【解析】(A) 損害公家機關「正面」形象
　　　　　(C) 如喪考妣：喻思念痛切，有如父母之喪，而子女喪
　　　　　　　　親不可「有如」
　　　　　(D) 付之一炬，指遭大火焚毀，不可用於淹水

6. **D**

【解析】甲、 不可用衆口鑠金（衆口所毀，雖金石猶可銷，引申爲衆口同聲，往往積非成是。）

乙、 不可用七嘴八舌（形容人多口雜，議論紛亂的樣子。）

丁、 不可用千錘百鍊（鐵經鍛鍊而成鋼的過程，比喩文章多次潤飾，人生歷經磨鍊。）

7. **D**

【解析】(A) 追亡逐北：追逐逃亡敗北的軍隊，非指「驅逐至北方」

(B) 慮周行果：思慮周密，行事果決，非指「好的結果」

(C) 「而猶以爲未見太尉也」：蘇轍還認爲未見韓琦仍有不足

8. **B**

【解析】「多夜」讀書，所以忍對一天地間的「黑暗」

「薄薄的紙」，所以忍受一身「寒意」

「僅僅隔一層窗」，所以我欲「推窗出去」

9. **A**

【解析】先從韻腳選出「春」，再由詩意排除「南風」，答案自見

【語譯】唯有外出作官的人，才會對時令的改變特別敏感。太陽冉冉從東海升起，映紅滿天雲霞；梅花柳葉渡江而至，送來欣欣向榮的春天。溫暖的氣候催促著黃鶯婉轉的鳴叫；明媚的春光浮萍由淺變成深綠，忽然聽到你高雅古樸的詩作，使我歸家的思緒泛起，眼淚就要沾滿衣裳。

10. **B**

【解析】 詩經：豈無膏沐，誰適為容，乃言女子因丈夫行役在
外，無心妝扮，所以文中的「她」祭弔的對象是丈夫

11. **B**

【解析】 從「我是鮭魚」判斷出接（丙）骨灰……，「他也是鮭
魚」，再由我、他選出（甲）「我們一道游向」宜蘭老
家歸去，而（乙）的末尾有「月光」，銜接（丁）「銀
色的世界」。

12. **B**

【解析】 (A) 語出司馬遷《史記‧孔子世家》

(B) 語出劉邦〈大風歌〉

(C) 語出項羽〈垓下歌〉

(D) 語出司馬遷《史記‧伯夷列傳》

13. **A**

【解析】 由「虛靜恬淡、寂寞無為者，天地之平而道德之至」
判斷為道家

由「孝、悌、守先王之道、仁義」判斷出儒家

由「使中主守法術」判斷出法家

14. **C**

【解析】 (A) 打錯電話不宜詢問清楚對方姓名

(B) 對師長，信末不可以直接寫上自己的小名、暱稱

(D) 信封要寫明雙方地址，緘封詞不可用「知名不具」
或「內詳」

15. **C**

　【解析】　(A) 傳奇或稱唐人文言短篇小說，或稱明清的劇曲

　　　　　　(B) 詞牌代表格律、音樂性，與詞作內容無關

　　　　　　(D) 東坡樂府乃蘇軾詞作集名

16-17為題組

　【語譯】　有個家境貧困的楚國人，讀《淮南子》時看見：「螳螂伺機捕蟬時，身上蓋著的葉子，可以隱藏形體。」於是到樹底下，抬頭要摘取這種葉子。看到有隻螳螂蓋著葉子，伺機要捕蟬，過去摘那片葉子。一不小心，葉子掉落到樹下。因為樹底下有先前的落葉，無法加以辨識，於是掃了好幾斗的葉子回家。楚人一片又換一片的用樹葉遮掩自己，一次又一次的問妻子：「妳看得見我嗎？」妻子最初都一直回答說：「看得見」。就這樣問了一整天，妻子終於被煩到受不了，哄騙他說：「看不見了！」楚人暗自非常高興。楚人帶著那片葉子到市集裡，當著別人面前，拿取他人的物品，於是被綁去見縣官。縣官要審訊犯人的說詞，於是楚人將整件事從頭到尾說個明白。縣官聽完後哈哈大笑，把他放了沒有定他的罪。

16. **D**

17. **B**

　【解析】　(B) 齎，音ㄐㄧ，持送

二、多選題

18. **BDE**

【解析】 (A) 理不直／樂曲
(B) 返回
(C) 前往／悅樂
(D) 憑藉
(E) 遨遊

19. **ADE**

【解析】 富有歷史意義、時代精神，所以 (A) 的關鍵字在「戰爭……七萬個靈魂陷落」
(D) 的關鍵字在「宣統那年……整個北方的憂鬱」
(E) 的關鍵字在「大荒年之後，還要談戰爭……去當傭兵……」

20. **ACE**

【解析】 相反情境作對比，所以 (A) 窮……錢
(C) 喧囂……孤獨
(E) 不能承受……輕

21. **BDE**

【解析】 (A) 山色相互輝映→天光水色上下相連
(C) 洋溢著青春的色彩→香氣馥郁，生長茂盛

22. **CDE**

【語譯】 剛開始，買臣還在等待詔命時，生活上必須要靠著好心的看守請他吃飯。買臣終於當了太守，穿上他窮困

時的破衣，將太守的印信藏在懷中，漫步走到太守官邸，居然沒有人理他，正逢官員向朝廷上報時，會稽官員在相互飲酒。買臣進入官邸裡面，看守請他吃飯，將吃飽時，稍顯示其印綬。看守覺得很奇怪，就跟他借來看個清楚，乃會稽太守的印信呀！看守吃驚，趕快去報告其他管員，那時他們全都喝醉了，都說：「你胡說！」看守說：「你們自己去看看！」他們就派了一個以前就很看不起買臣的人去看個仔細；那個人回來時非常驚慌的大叫：「是真的！」所有的人既驚訝又害怕告訴守丞，趕快到中庭去拜見買臣。過一會，長安廄吏派了一輛豪華的馬車來接買臣，買臣於是乘車離去。

23. **BCD**

【解析】甲、語出李商隱〈登樂遊原〉

　　　　乙、語出杜甫〈春望〉

　　　　丙、語出李白〈月下獨酌〉

　　　　丁、語出杜甫〈客至〉

　　　　戊、語出朱熹〈觀書有感〉

　　　　己、語出蘇軾〈題西林壁詩〉

　　　　庚、語出杜甫〈聞官軍收河南河北詩〉

24. **ACD**

【解析】(B) 古詩不入樂

　　　　(E) 南宋朱熹將論、孟、學、庸合為四子書

第貳部分：非選擇題

一、簡答

孟嘗君：豁達大度，喜納客卿，不以為意，不計賢愚，儼然長者
　　　　禮下賢士之風。

左　右：認為馮諼不自量力，需索無度，無寸功而貪賞，無能力
　　　　而好求，是個貪而無厭的小人。

馮　諼：測試完成，喜逢知己，炫耀孟嘗君能禮遇他，洋洋自
　　　　得，心滿意足。

二、作文

【範文】

惑

　　曾經，我們在知識的迷霧中迷惘；曾經，我們徘徊在人生的十字
路口迷失方向；曾經，我們因為一個又一個怪誕離奇的現象心生困惑，
想尋求解答。在我們的人生道路中，總是會遇見許多令人費解的時刻，
而產生許多的疑惑；但這些疑惑，卻在我們的生命中扮演了重要角色。

　　惑，是學習與發現的基礎。孔子到了四十才不惑，其年輕時期時
的孜孜不倦，正也是源自於其好問求知的態度。王雲五沒有上過任何
正式學校，拿過任何一張文憑，但為了滿足對於知識的困惑，他自動
自發的博覽群書，而成為中國博士之父。達爾文發現加拉巴哥群島上
的鬣蜥和鳥類的相似度與特性，心生疑惑，經過長年的紀錄與研究，
終於推導出「物競天擇、適者生存」的進化論，並成為演化學上重要
的里程碑。而我自己，為了解開神秘果的奧秘，找出為何能欺騙味蕾，
使檸檬吃起來變甜的原因，不眠不休作科學實驗，在終於找到可能的

機制時，其心中的感動筆墨無法形容，也因此獲得了台灣區國際科展生化組第一名。當我們心懷疑惑而學習時，其學習將更有效率，也更容易獲得甜美的成果。

惑，是發明的動力。萊特兄弟疑惑著為何鳥能擁有一雙翅膀，在天空自由自在的飛翔？因而著手研究發明飛機。當時的人，皆認為這是個不可能完成的癡心妄想。但他們努力的尋求解答，終於發明了人類史上第一架飛機。華生與克立克基於對生命基本組成的好奇與疑惑，終於解開了雙股螺旋的奧秘；IC 設計之父 Kilby，為了想擺脫麵包板的沒有效率，終於發明了電晶體，而開啟了今天的 IC 產業，舉凡手機、電腦晶片等都不可或缺。許多影響人類生活甚鉅的發明，都源自於一份小小的疑惑而努力後所獲得的成果。

惑，是成就大愛的動機。柯柏格十二歲時，看見巴基斯坦四歲童工受虐的新聞，震驚於世界的不公平，向母親提出了這樣的疑惑：為什麼會發生這種事情？我能做些什麼？母親告訴他可以自己找資料，想辦法。於是，柯柏格與同學成立了解放兒童基金會，不僅持續寫信給世界領袖，如德蕾莎修女、達賴喇嘛等，告訴他們這些童工的情形，更身體力行募集資金幫助遠方孩童。當初由一群加拿大小學生組成的團體，在今天全球已有上百萬年輕人投身其中，不僅已幫助修建三七五所學校，每天更有超過三萬名小孩得以就學。柯柏克也因此三度被提名為諾貝爾和平獎得主。許多慈善事業，一開始並不是源於雄厚的資本，而是一個小小的疑惑，和一份願意為世界盡一份心力的勇氣。

惑，是敦促我們學習、發明與發現，甚至是改變世界的力量。別讓惑成為你心中的陰霾，且讓我們將惑轉化為努力向上的力量，開創一個無惑的人生與更美好的世界！

（陳興國文語表專任教師／吳臻撰寫）

九十八學年度指定科目考試（國文）

大考中心公佈答案

題　　號	答　　案	題　　號	答　　　案
1	A	16	D
2	D	17	B
3	A	18	BDE
4	D	19	ADE
5	B	20	ACE
6	D	21	BDE
7	D	22	CDE
8	B	23	BCD
9	A	24	ACD
10	B		
11	B		
12	B		
13	A		
14	C		
15	C		

九十八學年度指定科目考試
各科成績標準一覽表

科　目	頂　標	前　標	均　標	後　標	底　標
國　文	65	60	51	42	34
英　文	74	63	44	24	12
數學甲	74	59	38	20	10
數學乙	66	55	39	24	15
化　學	73	62	44	26	16
物　理	72	59	40	22	12
生　物	79	70	56	42	32
歷　史	68	61	52	39	29
地　理	67	62	52	41	30
公民與社會	73	65	52	39	30

※ 以上五項標準均取為整數（小數只捨不入），且其計算均不含缺考生之成績，
　計算方式如下：

　頂標：成績位於第 88 百分位數之考生成績。

　前標：成績位於第 75 百分位數之考生成績。

　均標：成績位於第 50 百分位數之考生成績。

　後標：成績位於第 25 百分位數之考生成績。

　底標：成績位於第 12 百分位數之考生成績。

例：　某科之到考考生為 99982 人，則該科五項標準為

　　頂標：成績由低至高排序，取第 87985 名（99982×88%＝87984.16，取整數，
　　　　　小數無條件進位）考生的成績，再取整數(小數只捨不入)。

　　前標：成績由低至高排序，取第 74987 名（99982×75%＝74986.5，取整數，
　　　　　小數無條件進位）考生的成績，再取整數(小數只捨不入)。

　　均標：成績由低至高排序，取第 49991 名（99982×50%＝49991）考生的成績，
　　　　　再取整數(小數只捨不入)。

　　後標：成績由低至高排序，取第 24996 名（99982×25%＝24995.5，取整數，
　　　　　小數無條件進位）考生的成績，再取整數(小數只捨不入)。

　　底標：成績由低至高排序，取第 11998 名（99982×12%＝11997.84，取整數，
　　　　　小數無條件進位）考生的成績，再取整數(小數只捨不入)。

九十七年大學入學指定科目考試試題
國文考科

第壹部分：選擇題（佔 55 分）

一、單選題（34 分）

說明： 第 1 至第 17 題，每題選出一個最適當的選項，劃記在答案卡
之「選擇題答案區」。每題答對得 2 分，答錯或劃記多於一
個選項者倒扣 2/3 分，倒扣至本大題之實得分數零分為止。
未作答者，不給分亦不扣分。

1. 下列文句，用字完全正確的選項是：
   (A) 這椿貪污事件被媒體批露後，一時之間群情譁然
   (B) 說話措詞不當、寫文章誤用成語，都可能會貽笑大方
   (C) 這個案件千頭萬緒，想徹底解決，勢必曠日會時
   (D) 他凡事斤斤計較，一心盤算私利，真是個不視大體的人

2. 「大禹為拯救生民於水患，櫛風沐雨，無暇安席」，句中「櫛
   風沐雨」一詞，字面上雖無「髮」字，卻與「頭髮」密切相關。
   下列各句，敘述重點**不在**「頭髮」的選項是：
   (A) 童山濯濯　　　　　　(B) 朝如青絲暮成雪
   (C) 首如飛蓬　　　　　　(D) 俯首甘為孺子牛

3. 閱讀下文，選出□□內最適合填入的選項：
   尺直的地平線／把□□割分為二／下面是粗筆快墨的茫茫／上
   面是無邊若夢的醉紅／點點飛揚的閃光／忽上忽下、□□似的

／正沉默地／□□著夕陽／啊，久違了／比翼群飛的白鷺！
（葉維廉〈夕陽與白鷺〉）

(A) 天空；水花；噴灑　　　(B) 天空；精靈；歡送

(C) 景色；火花；烘托　　　(D) 景色；音符；演奏

4. 下文中，作者認為托爾斯泰給沙皇的信之所以偉大，是因為：
托爾斯泰是一位伯爵，擁有很大很大的農莊，但是在他的作品
《復活》中，他重新回顧成長過程中身為貴族的沉淪，以及擁
有土地和農奴帶給他的不安與焦慮，他決定出走。我認為托爾
斯泰最偉大的作品不是《復活》也不是《戰爭與和平》，而是
在他垂垂老矣時，寫的一封給俄國沙皇的信。信中，他沒有稱
沙皇為皇帝，而是稱他為「親愛的兄弟」，他寫到：「我決定
放棄我的爵位，我決定放棄我的土地，我決定讓土地上所有的
農奴恢復自由人的身分。」那天晚上把信寄出去之後，他收了
幾件衣服，拎著簡單的包袱，出走了。最後他死於一個名不見
經傳的小火車站，旁人只知道一個老人倒在月台上，不知道他
就是大文豪托爾斯泰。（蔣勳《孤獨六講‧革命孤獨》）

(A) 托爾斯泰體認民貴君輕，實踐民主思維

(B) 托爾斯泰目睹貧富差距，慷慨捐財助人

(C) 托爾斯泰揭露民生困苦，喚起社會關注

(D) 托爾斯泰展現悲憫情懷，追求人間公義

5. 人物描寫未必要正面白描，透過人物的言語，往往可以更自然
地刻劃人物的真實性情。下列文字，作者透過記錄祖父的話，
目的是要彰顯祖父的何種情懷？

太陽慢慢地接近山頂，小米園又開始熱鬧了，像辦年貨一樣，
成群的小鳥飛來像要飽餐一頓似的。我正要用力拉動手上的牽

引繩，祖父叫住了我：「麥唉（不要之意），這些鳥都從很遠的地方來吃我的小米，有的從前山、高雄、台北和宜蘭、花蓮飛來，他們一大早就出門，為的就是想吃我種的小米，他們等了快一天的時間，都沒有吃東西。撒可努，不要趕他們了，讓他們吃吧，等吃飽了，才有力量再飛回很遠的地方；不然，等太陽下山，天暗了，小鳥就看不見，找不到回家的路，小鳥的家人就會擔心，為什麼爸爸和哥哥還不回來？」（亞榮隆‧撒可努〈小米園的故事〉）

(A) 心懷惻隱，純真溫厚　　(B) 安貧知命，樂在其中
(C) 敬重自然，不違農時　　(D) 釣而不綱，取物有節

6. 閱讀下文，選出詮釋**不恰當**的選項：

（發現兒子沒有告訴湯米，逕自取走湯米的玩具之後）我開車送兒子到湯米家巷口，要他自己一個人去。我看見他小小一個人拖長長一條身影慢吞吞往樹蔭蔽天的長巷中一戶鐵門嚴扃的深宅大院蹭去，我看見他猶豫徘徊了半天才往草地上死勁搬來一塊墊腳石踩上去按了電鈴，我看見他等了足足十分鐘沒有人應門便捨下那個塑膠玩具在郵箱裡然後轉身斜刺裡往樹叢中跑去。我趕到樹林裡已找不到他的踪影。（劉大任〈王紫其〉）

(A) 「拖」、「蹭」、「徘徊」等動作，顯示兒子的遲疑與焦慮
(B) 「捨下」、「轉身」、「跑去」等動作，顯示兒子拋卻壓力，開心釋懷
(C) 作者刻意使用未標點而不易讀的長句，暗示歸還玩具過程的艱難與漫長
(D) 「樹蔭蔽天」、「長巷」、「鐵門嚴扃」、「深宅大院」的景物描寫，襯托兒子內心深沉的畏懼

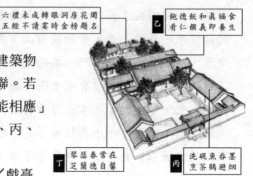

甲　六禮未成轉眼洞房花燭
　　五經不讀霎時金榜題名

乙　飽德飫和真福食
　　肴仁饌義即養生

丁　琴瑟春常在
　　芝蘭德自馨

丙　洗硯魚吞墨
　　烹茶鶴避烟

7. 小夏參觀某一處古代的建築物時，抄錄了其中四幅對聯。若依「聯語內容與處所功能相應」的原則推測，則甲、乙、丙、丁四處依序應是：
    (A) 寢室／書房／廚房／戲臺
    (B) 寢室／廚房／書房／戲臺
    (C) 戲臺／廚房／書房／寢室
    (D) 戲臺／書房／廚房／寢室

8. 閱讀下文，選出敘述正確的選項：

    太陽剛爬起來的那地方，堤防缺了一塊燦爛的金色大口，金色的光就從那裡一直流瀉過來。昨天的稻穗的頭比前天的低，而今天的比昨天還要低了。一層薄薄的輕霧像一匹很長的紗帶，又像一層不在世上的灰塵，輕飄飄地，接近靜止那樣緩慢而優美的，又更像幻覺在記憶中飄移那樣，踏著稻穗，踏著稻穗上串繫在珠絲上的露珠，而不教稻穗和露珠知道。（黃春明〈青番公的故事〉）
    (A) 「堤防缺了一塊燦爛的金色大口」描述堤防因年久失修而頹圮坍塌
    (B) 「昨天的稻穗的頭比前天的低，而今天的比昨天還要低」暗示稻穗日漸飽滿成熟
    (C) 「輕霧像一匹很長的紗帶，又像一層不在世上的灰塵」比喻黃昏暮靄的輕盈飄渺
    (D) 「踏著稻穗上串繫在珠絲上的露珠，而不教稻穗和露珠知道」暗指麻雀飛來啄食稻穗

9. 閱讀下文，選出與陳白沙的觀點**不符**的選項：

陳白沙曰：「三代以降，聖賢乏人，邪說並興，道始為之不明；七情交熾，人欲橫流，道始為之不行。道不明，雖日誦萬言，博極群書，不害為未學；道不行，雖普濟群生，一匡天下，不害為私意。」（《明儒學案‧白沙學案上》）

(A) 博覽群書，必能明道

(B) 做學問的宗旨，在於明道與行道

(C) 道之所以不明，原因之一是缺乏聖賢

(D) 若志不在道，匡濟天下也只是滿足個人欲望而已

10. 先秦諸子召開一場學術思想座談會，請依據甲、乙、丙三則發言內容，推斷依序應是何人的主張？

(A) 韓非子／孟子／老子　　(B) 孔子／荀子／老子

(C) 韓非子／荀子／莊子　　(D) 孔子／孟子／莊子

甲　人與人之間，即使親如父子，也不可能不講利害關係。在這種情況下，好行為給予獎賞，壞行為給予懲處，就是最合乎人性的管理方式。

乙　人之所以向善，必須靠後天的努力修為。因此，接受教育、從事學習，乃是當務之急。對於莘莘學子而言，好的老師、好的教本是不可或缺的；正猶如對於一般民眾來說，外在的一套禮法規範也是必要的。

丙　許多人並不了解，人只不過是自然大化的一部分。在我看來，「性善」、「性惡」其實是無謂的爭論。面對當前的昏濁亂世，重點是怎樣能活得自在呀！做人只要隨順本性，因任自然，就能無所成心地快意遨遊，融入天地不言的大美之中。

11. 文章中常會以一、二關鍵字，做為凸顯該段或該篇文章主旨的樞紐。閱讀下文，選出其中的關鍵字：

積土成山，風雨興焉；積水成淵，蛟龍生焉；積善成德，而神明自得，聖心備焉。故不積跬步，無以至千里；不積小流，無以成江海。（《荀子‧勸學》）

(A) 山、海　　(B) 神、聖　　(C) 積、成　　(D) 不、無

12. 下列是一段古代散文，請依文意選出排列順序最恰當的選項：

世之所貴道者，書也，書不過語。

甲、而世因貴言傳書，

乙、意有所隨，意之所隨者，不可以言傳也，

丙、世雖貴之，我猶不足貴也，

丁、語有貴也，語之所貴者，意也，

為其貴非其貴也。（《莊子・天道》）

(A) 甲丙丁乙　　　　　　(B) 乙甲丁丙

(C) 丙丁乙甲　　　　　　(D) 丁乙甲丙

13. 《論語・學而》篇中「賢賢易色」一語，歷來注解各有不同，清代學者陳澧《東塾讀書記》提及：「為人孝弟、賢賢易色、事君致身、朋友有信，五倫之事備矣。」若依此說法，則陳澧以為「賢賢易色」當指：

(A) 尚賢遠佞　　　　　　(B) 長幼有序

(C) 行孝色難　　　　　　(D) 夫婦之道

14-15為題組

閱讀下列短文，回答14-15題。

其後，京兆尹將飾官署，余往過焉。委群材，會眾工。或執斧斤，或執刀鋸，皆環立嚮之。梓人左持引（長尺），右執杖（木杖），而中處焉。量棟宇之任，視木之能舉，揮其杖曰：「斧！」彼執斧者奔而右。顧而指曰：「鋸！」彼執鋸者趨而左。俄而，斤者斲，刀者削，皆視其色，俟其言，莫敢自斷者。其不勝任者，怒而退之，亦莫敢慍焉。畫宮於堵，盈尺而曲盡其制，計其毫釐而構大廈，無進退焉。既成，書於上棟曰：「某年某月某日某建。」

則其姓字也，凡執用之工不在列。余圜視大駭，然後知其術之工
大矣。（柳宗元〈梓人傳〉）

14. 依據上文，「梓人」的主要職責為何？
甲、運斤執斧　　　乙、指揮工匠　　　丙、設計藍圖
丁、貯藏建材　　　戊、匾額題辭
(A) 甲丁　　　　　　　　　(B) 乙丙
(C) 甲丙丁　　　　　　　　(D) 乙丙戊

15. 下列關於「」內文句的詮釋，正確的選項是：
(A) 「委群材，會眾工」意謂梓人精於計算物料和工資，以求降
　　低成本
(B) 「皆視其色，俟其言，莫敢自斷者」意謂梓人善於察言觀
　　色，不敢獨斷
(C) 「畫宮於堵，盈尺而曲盡其制」意謂梓人所繪設計圖雖小，
　　但精密詳備
(D) 「計其毫釐而構大廈，無進退焉」意謂梓人監督嚴格，不容
　　工匠絲毫偷懶

16-17為題組

閱讀下列短文，回答16-17題。

我們走過廟後的墓地，萋萋的野草，零亂的碑石，在風吹雨打的
歲月剝蝕下，呈現著更為荒涼殘破的另一張面目。我們坐在那裡
遠眺，環視著我們一路走過來的那些廟宇，大的、小的、新的、
舊的，瓊樓玉宇，斷垣頹壁，都在暮色四合中，逐漸消失了它們
的踪影。只有燈，一盞一盞的亮起，從山上的小廟一直亮到山腳

的住宅再亮到遠處的深澳海濱。一家一家，一戶一戶，映照著那小小的一窗窗燈影，很溫柔，也很動人。恍然之間，似乎昔日號稱「小香港」的九份，又張開了伊的眼睛，滴溜溜的流轉著拋起媚眼來了。畢竟伊是老了，美人遲暮了。洗盡了鉛華，卸下了彩衣，在一場美夢破碎後，依舊留戀著那殘破的夢影。

（古蒙仁〈破碎了的淘金夢〉）

16. 關於上文的敘寫線索，正確的選項是：
    (A) 先寫九份的海濱，再寫九份的山巒
    (B) 先寫九份的黃昏，再寫九份的夜色
    (C) 先寫九份廟宇殘破，再寫九份居民蒼老
    (D) 先寫九份昔日的盛況，再寫九份今日的沒落

17. 關於上文寫作技巧的敘述，正確的選項是：
    (A) 以墓地、野草、碑石、暮色等景物，營造寥落的氣氛
    (B) 以燈由山上亮到山腳的視野延展，營造欣欣向榮的氣氛
    (C) 用「洗盡了鉛華，卸下了彩衣」，比喻九份的純樸美好
    (D) 用「滴溜溜的流轉著拋起媚眼」的擬人手法，凸顯淘金者的慾望

二、多選題（21分）

說明：第18至第24題，每題各有5個選項，其中至少有一個是正確的。選出正確選項，劃記在答案卡之「選擇題答案區」。每題3分，各選項獨立計分，每答對一個選項，可得0.6分，每答錯一個選項，倒扣0.6分，完全答對得3分，整題未作答者，不給分亦不扣分。在備答選項以外之區域劃記，一律倒扣0.6分，倒扣至本大題之實得分數為零為止。

18. 下列文句「」內詞語使用恰當選項是：

　(A) 好書宛如蘭心蕙質的美人，要「別具慧眼」，才能看出她的動人之處

　(B) 買書若「隨心所欲」就難免失之於貪，失之於濫，擺設的意義重於閱讀

　(C) 書的節錄本都是將原著內容七折八扣，好似簡易速食，不容易「朵頤稱快」

　(D) 當時通貨已經開始膨脹，等到我「力有未逮」可以買書，書價又水漲船高，高攀不上了

　(E) 近世印刷發達，但印成書的形式卻不能算是書的東西，則「寥若晨星」，必須披沙揀金，才得窺見好書

19. 下列文句「」內，屬於**名詞做動詞用**的選項是：

　(A) 位卑則「足」羞，官盛則近諛

　(B) 獨「樂」樂，與人樂樂，孰樂

　(C) 孟嘗君怪其疾也，「衣冠」而見之

　(D) 不衫不屨，「褐裘」而來，神氣揚揚，貌與常異

　(E) 是君臣、父子、兄弟去利懷仁義以相接也，然而不「王」者，未之有也

20. 閱讀下列現代詩，選出詮釋恰當的選項：

　陽光的奶油塗在酥鬆的

　心情上：星期天早晨

　烤得剛剛好的土司麵包。（陳黎《小宇宙》第65首）

　(A) 本詩旨在表達詩人眷戀星期天，也喜歡土司麵包

　(B) 「酥鬆」是藉烤過的麵包形容詩人輕鬆愉悅的心情

(C) 「陽光」予人天氣晴朗、心情開朗、奶油亮黃等多重想像

(D) 「烤」一方面描寫陽光燦爛，一方面則透露詩人內心的焦躁

(E) 「土司」相對於其他帶餡麵包，口味較單純，可襯托「星期天早晨」清靜閒逸的感覺

21. 目前習用的敬稱對方之詞「閣下」，來自古代「因卑達尊」的思維，亦即言談中基於禮貌，提到對方時，刻意稱呼其近侍隨從，以表示「不敢當面進言，謹向位階較低的侍從報告」之意。下列文句「」內的詞，屬於此一用法的選項是：

(A) 若亡鄭而有益於君，敢以煩「執事」

(B) 蓋追先帝之殊遇，欲報之於「陛下」也

(C) 孟子去齊，充虞路問曰：「夫子」若有不豫色然

(D) 中軍臨川「殿下」，明德茂親，總茲戎重

(E) 宋牼將之楚，孟子遇於石丘，曰：「先生」將何之

22. 歐陽脩〈醉翁亭記〉：「有亭翼然臨於泉上者，醉翁亭也」，其中「有亭翼然臨於泉上者」，意即「有翼然臨於泉上之亭」。下列文句「」內屬於這種造句方式的選項是：

(A) 蓋「有不知而作之者」，我無是也

(B) 村南「有夫婦守貧者」，織紡井臼，佐讀勤苦

(C) 軻曰：今「有一言可以解燕國之患而報將軍之仇者」，何如

(D) 昔楚襄王從宋玉、景差於蘭臺之宮，「有風颯然至者」，王披襟當之

(E) 如「有不嗜殺人者」，則天下之民，皆引領而望之矣，誠如是也，民歸之，由水之就下，沛然誰能禦之

23. 下列文句「」內的敘述，涉及天文星象的選項是：

(A) 〈古詩十九首〉：「玉衡指孟冬」，眾星何歷歷

(B) 杜甫〈贈衛八處士〉：人生不相見，「動如參與商」

(C) 蘇軾〈赤壁賦〉：月出於東山之上，「徘徊於斗牛之間」

(D) 《論語‧為政》：為政以德，「譬如北辰」，居其所而眾星共之

(E) 《三國演義‧六十九回》：六街三市，競放花燈，真個金吾不禁，「玉漏無催」

24. 閱讀下列散曲，選出敘述正確的選項：

平生淡泊。雞兒不見，童子休焦。家家都有閒鍋灶，任意烹炮。煮湯的貼他三枚火燒（一種烤餅），穿炒的助他一把胡椒，倒省了我開東道。免終朝報曉，直睡到日頭高。（王磐〈滿庭芳〉）

(A) 平聲韻與仄聲韻通押

(B) 採第三人稱的敘述觀點

(C) 情節著重煮雞待客的細節描寫

(D) 旨在寬慰童子勿因失雞而自責

(E) 以詼諧的口吻塑造雅正蘊藉的曲風

第貳部分：非選擇題（佔45分）

說明：本大題共有二題，請依各題指示作答，答案務必寫在答案卷上，並標明題號。

一、擴寫（18分）

　　「擴寫」是以原有的材料為基礎，掌握該材料的主旨、精神，運用想像力加以渲染。請仔細閱讀框線內《史記‧項羽本紀》的

文字後加以擴寫。文長約**300-400字**。

提示：本題非翻譯題，請勿將原文譯成白話。

> 　　范增起，出，召項莊，謂曰：「君王為人不忍。若入，前為壽，壽畢，請以劍舞，因擊沛公於坐，殺之。不者，若屬皆且為所虜！」莊則入為壽。壽畢，曰：「君王與沛公飲，軍中無以為樂，請以劍舞。」項王曰：「諾！」項莊拔劍起舞；項伯亦拔劍起舞，常以身翼蔽沛公；莊不得擊。

二、引導寫作（27分）

　　現代科技進步，文明發展快速，任何知識學問的數量和深度都遠遠超過古代，分工、分門成了必然的趨勢，任何人都無法博通一切，各類「專家」應運而生。

　　請以「專家」為題，寫一篇首尾完整的文章，文長不限。

九十七年度指定科目考試國文科試題詳解

第壹部分：選擇題

一、單選題

1. **B**

【解析】 (A) 「批」露→披
(C) 曠日「會」時→廢
(D) 不「視」大體→識

2. **D**

【解析】 (A) 本為山無草木之意，今用於禿頭無髮
(B) 青絲喻黑髮
(C) 飛蓬喻亂髮
(D) 言父母對子女的照顧

3. **D**

【解析】 尺直的地平線／把□□割分為二──因為地平線，所以刪去天空；點點飛揚的閃光／忽上忽下、□□似的──從點點上下，所以選音符正沉默地／□□著夕陽──由沉默反襯出演奏之意

4. **D**

【解析】 關鍵文字在「信中，他沒有稱沙皇為皇帝，而是稱他為『親愛的兄弟』，他寫到：『我決定放棄我的爵位，我決定放棄我的土地，我決定讓土地上所有的農奴恢復自由人的身分。』」

5. **A**

【解析】 關鍵文字在「不要趕他們了，讓他們吃吧，等吃飽了，才有力量再飛回很遠的地方；不然，等太陽下山，天暗了，小鳥就看不見，找不到回家的路，小鳥的家人就會擔心，為什麼爸爸和哥哥還不回來？」

6. **B**

【解析】 「捨下」、「轉身」、「跑去」等動作，顯示兒子心不甘情不願

7. **C**

【解析】 甲、 六禮未成**轉眼**洞房花燭 五經不讀**霎時**金榜題名
——戲臺

乙、 **飽**德**飫**和眞福食 **肴**仁**饌**義即養生——廚房

丙、 洗**硯**魚吞**墨** 烹**茶**鶴避**烟**——書房

丁、 **琴瑟**春常在 芝**蘭**德自馨——寢室

8. **B**

【解析】 (A) 言朝陽破雲而出之景象

(C) 非黃昏暮靄，乃晨霧

(D) 言晨霧之飄移

9. **A**

【解析】 「道不明，雖日誦萬言，博極群書，不害爲未學」所以博覽群書，未必能明道

10. **C**

【解析】 關鍵字在「講利害關係……好行為給予獎賞，壞行為給予懲處」→ 韓非子

「人之所以向善，必須靠後天的努力修為。……接受教育、從事學習……外在的一套禮法規範也是必要的。」→ 荀子

「人只不過是自然大化的一部分……活得自在啊！做人只要隨順本性，因任自然。」→ 莊子

11. **C**

【解析】 關鍵字：「積」土「成」山，風雨興焉；「積」水「成」淵，蛟龍生焉；「積」善「成」德，而神明自得，聖心備焉。故不「積」蹞步，無以至千里；不「積」小流，無以「成」江海。

12. **D**

【解析】 書不過「語」。「語」有貴也，語之所貴者，「意」也，「意」有所隨，意之所隨者，不可以「言傳」也，「而」世因「貴」「言傳」書，世雖「貴」之，我猶不足「貴」也，為其「貴」非其「貴」也。

【語譯】 世上人們所看重稱道的就是書。書並沒有超越言語，而言語確有可貴之處。言語所可貴的就在於它的意義，而意義又有它的出處，意義的出處，是不可以用言語來傳達的，然而世人卻因為看重言語而傳之於書。世人雖然看重它，我還是認為它不值得看重，因為它所看重的並不是真正可以看重的。

13. **D**

　　【解析】　五倫：君臣、父子、夫婦、兄弟、朋友

　　　　　　　為人孝弟指父母兄弟，事君致身指君臣，朋友有信指朋友，所以賢賢易色指夫妻之道

14. **B**

15. **C**

　　【語譯】　後來，京兆尹要整修官署，我經過那裡。看到堆積著許多建築材料，聚集了各類工人。有的拿斧頭，有的拿刀鋸，大家圍成圓圈面向他站著。這位建築師左手拿著量尺，右手拿著木杖，站在中央。他估量房屋的規格，計算木材的承受能力，然後揮動手杖說：「斧！」那個拿斧頭的人就奔向右邊去。他回過頭來指著說：「鋸！」那個拿著鋸子的人就跑向左邊去。一會兒，拿斧頭的在砍，拿刀的在削，都看他的臉色，等他的吩咐，沒有人敢自作主張。對不能勝任工作的人，就很生氣地斥退他，也沒有人敢抱怨。他把房子的圖樣畫在牆上，只有一尺見方大小，可是房屋結構都完全詳盡地勾畫出來。依照圖樣的尺寸比例計算，修建出來的大廈，絲毫沒有誤差。房屋蓋好了，正在樑上寫著：「某年某月某日某人建造。」寫的就是他的名字，所有執行的工匠們都不列名。我向四周看了一下，不覺大吃一驚，這時我才知道他的技術確實高超。

16. **B**

【解析】 (A) 從山上的小廟……再寫到遠處的深澳海濱

(C) 畢竟伊是老了，美人遲暮了，「伊」指的是九份，非居民蒼老

(D) 先寫今日的沒落，最後才提到昔日號稱小香港的九份

17. **A**

【解析】 (B) 營照美人遲暮的氣氛

(C) 比喻在一場美夢破碎後，依舊留著那殘破的身影

(D) 凸顯九份華燈初上之景

二、多選題

18. **ABC**

【解析】 (D) 力有未逮：能力有所不及

(E) 寥若晨星：形容稀少之狀

19. **BCDE**

【解析】 (A) 位卑則「足」羞：足，過也，副詞

20. **BCE**

【解析】 (A) 表達詩人愉悅閒逸的心情

(D) 「烤」並無透露詩人內心的焦躁之意

21. **ABD**

【解析】 (C)(E) 「夫子」、「先生」皆直接敬稱對方

22. **BCD**

【解析】(B) 「有夫婦守貧者」意即「有守貧之夫婦」

(C) 「有一言可以解燕國之患而報將軍之仇者」意即「有可以解燕國之患而報將軍之仇之言」

(D) 「有風颯然至者」意即「有颯然至之風」

23. **ABCD**

【解析】(A) 「玉衡」 (B) 「參」與「商」 (C) 「斗牛」之間

(D) 「北辰」皆為星宿名

玉衡：北斗七星的第五星。

參：音ㄕㄣ，二十八星宿之一。位於西方白虎七宿的末端。

商：商星，亦稱為「辰星」，居東方。

斗牛：二十八星宿中的斗宿和牛宿。

北辰：北極星的別名。

(E) 「玉漏」乃夜間計時之器

24. **AD**

【解析】(B) 採第一人稱

(C) 無煮雞待客之細節描寫

(E) 以詼諧的口吻塑造自然直率的曲風

第貳部分：非選擇題

一、擴寫

【擴寫範文】

范增再也按捺不住，擊案奪門而出，召見項莊，說道：「霸王心腸、耳骨太軟，未能痛下殺手。此番若讓劉邦這小子跑了個縱虎歸山，日

後再在要擒殺就難了！」項莊咬牙睜目正欲拔劍而入，范增靈機一動，道：「哈！此意甚好！項莊你立刻入帳內，恭賀大王霸業，並請爲之舞劍，趁機了結劉邦那小子！」

項莊一劍展開，一招「長虹貫日」直指劉邦而來。好個劉邦，嚇得膽破心驚，卻能意色如常，舉杯叫好！項莊這一劍便刺不下去，范增只一個悶哼。張良即刻對項伯使了個眼色。項伯亦拔劍起身，作揖向霸王示意，只見霸王微微頷首，項伯一劍「蒼松迎客」格開項莊的劍。項莊一聲「看劍！」迅速連出七劍，項伯立於劉邦身前一一擋下。

霸王一聲：「好！」賜酒要大家替二位壯士致意，氣得范增只得吹鬍子瞪眼，一口血都快吐了出來。　　　　（陳興國文提供－沈風老師）

二、引導寫作

【範文】

專家

二十世紀的後三十年，全球工業飛躍地進展，商業金融快速的流動，爲人類的文明締造了輝煌的歷史。但隨之伴生的人口、教育、環境、財富分配等諸多問題，成爲人類的夢魘。爲解決這些不同學門領域的問題，「專家」於焉誕生。

專家就其個人累積的學識，提出其對專門領域的見解或對策，冀能見樹也見林，從而標本兼治。在知識迅速增長、學術分工日細的今天，「專家」成了我們生活裡長相左右的伴侶。不僅環保、醫藥、健康、養生、理財需要專家，即使連旅遊、美食、購物也有號稱「達人」的專家，做爲生活裡的指標。休閒購物這一類原本看來是生活中無關宏旨的事物，經達人專家的剖析，其中之奧妙細緻精采、與一場張大春的文學演講相較，也不遑多讓。專家的忠告和提醒幾乎成了金科玉律，

不僅是一般人的生活準則，甚至影響了經濟活動。數年前，醫學界發表研究成果，茄紅素是抗氧化的最佳武器，於是蕃茄汁成為飲料中的寵兒，熱銷好一陣子。

　　所有理財專家都在媒體不斷地告訴我們「定時定額」是儲蓄致富的最佳法門，銀行的基金存戶在短短兩三年內，爆增到幾乎是「全民運動」的數字。甚至連政治人物也想，國家經濟不振，是不是要借助企業的 CEO 來治國，韓國的李明博就是在「專家」治國概念下的產物。專家的威力，實在不容小覷。

　　我們應該相信專家，但不迷信專家。我們尊重專家在其專門知識領域裡的專業與見識，但我們在尊重相信的同時也應該了解，任何一種分工細緻的學術都有其局限。換言之，沒有一個專家可以全面的觀照。誠如歷史學家余英時先生在政大的演講：「不要用科學套在所有的學門上。」余先生點出了科學或任何學術專業的限制。愛因斯坦更直言不諱：「專家還不是訓練有術的狗？」兩位學術巨人的提醒，對專家和相信專家的大眾而言，不啻為當頭棒喝。

　　台灣的海岸線不斷遭受海浪侵襲，造成沙土流失，海岸向內陸靠近的威脅。當時專家提出的對策，是使用大量的消波塊(俗稱「肉粽」)堆放於沿岸處。漂沙的問題獲得暫時的舒緩，但原本美麗的海岸線卻因此遭受破壞，人不再容易親近大海，尤有甚者，某些海陸兩棲的生物，因為消波塊阻擋，永遠上不了陸地，也回不去大海。專家的局限性，由此可見一斑。

　　「聞道有先後，術業有專攻」，我們需要專家，也相信專家。但我們可能更需要關注的重點是，專家與專家，不同領域學術間的整合與協調，才有能力去面對我們今天的問題與威脅。

九十七學年度指定科目考試（國文）

大考中心公佈答案

題　號	答　　案	題　號	答　　案
1	B	16	B
2	D	17	A
3	D	18	ABC
4	D	19	BCDE
5	A	20	BCE
6	B	21	ABD
7	C	22	BCD
8	B	23	ABCD
9	A	24	AD
10	C		
11	C		
12	D		
13	D		
14	B		
15	C		

九十七學年度指定科目考試
各科成績標準一覽表

科　　目	頂　標	前　標	均　標	後　標	底　標
國　　文	64	58	49	38	30
英　　文	76	64	41	20	9
數學甲	77	64	43	23	13
數學乙	71	58	39	21	11
化　　學	69	56	36	19	10
物　　理	63	49	29	14	7
生　　物	72	63	49	35	25
歷　　史	62	52	37	23	14
地　　理	68	62	51	38	27

※ 以上五項標準均取為整數（小數只捨不入），且其計算均不含缺考生之成績，
　計算方式如下：

頂標：成績位於第 88 百分位數之考生成績。
前標：成績位於第 75 百分位數之考生成績。
均標：成績位於第 50 百分位數之考生成績。
後標：成績位於第 25 百分位數之考生成績。
底標：成績位於第 12 百分位數之考生成績。

例：　某科之到考考生為 99982 人，則該科五項標準為

　　頂標：成績由低至高排序，取第 87985 名（99982×88%=87984.16，取整數，
　　　　　小數無條件進位）考生的成績，再取整數(小數只捨不入)。

　　前標：成績由低至高排序，取第 74987 名（99982×75%=74986.5，取整數，
　　　　　小數無條件進位）考生的成績，再取整數(小數只捨不入)。

　　均標：成績由低至高排序，取第 49991 名（99982×50%=49991）考生的成績，
　　　　　再取整數(小數只捨不入)。

　　後標：成績由低至高排序，取第 24996 名（99982×25%=24995.5，取整數，
　　　　　小數無條件進位）考生的成績，再取整數(小數只捨不入)。

　　底標：成績由低至高排序，取第 11998 名（99982×12%=11997.84，取整數，
　　　　　小數無條件進位）考生的成績，再取整數(小數只捨不入)。

九十六年大學入學指定科目考試試題
國文考科

第壹部分：選擇題（佔 55 分）

一、單選題（34 分）

說明：第 1 至第 17 題，每題選出一個最適當的選項，劃記在答案卡之「選擇題答案區」。每題答對得 2 分，答錯或劃記多於一個選項者倒扣 2/3 分，倒扣至本大題之實得分數零分為止；未作答者，不給分亦不扣分。

1. 許慎〈說文解字敘〉有「六書」之說，六書即：指事、象形、形聲、會意、轉注、假借。下列各組漢字，屬於同一種六書分類的選項是：
   (A) 刃、本、日
   (B) 犬、下、公
   (C) 惢、闊、筐
   (D) 森、國、龍

2. 下列文句中，完全沒有錯別字的選項是：
   (A) 老唐誤信友人勸說，導致投資失敗，如今已到了走頭無路的地步
   (B) 張三不僅工作能力好，又篤實可靠，因此備受重視，是炙手可熱的挖角對象
   (C) 幾位實業家一口同聲表示，創業維艱，守成亦不易，必須戰戰兢兢，才可能鴻圖大展
   (D) 考前他抱著勢在必得的決心，期待一舉金榜題名，沒想還是名落孫山，真教人為之挽惜

3. 下列各文句中「」內的詞語，用法正確的選項是：
   (A) 他平素「色厲內荏」，是位外剛內柔的正直長官
   (B) 聽到別人犯錯時，應該抱著「哀矜而勿喜」的態度
   (C) 孫君「當仁不讓」，獨吞與友人合作投資所得的利潤
   (D) 父親鼓勵張生要「不恥下問」，向老師多多請益，學業才會進步

4. 下列對《荀子・勸學》的解讀，正確的選項是：
   (A) 質「的」張而弓矢至焉──「的」是「之」的意思
   (B) 君子生非異也，善「假」於物也──「假」是偽裝、模仿的意思
   (C) 淑人君子，其儀一兮。其儀一兮，心如「結」兮──「結」用以形容心志之堅定
   (D) 「青」，取之於「藍」，而「青」於「藍」──兩個「青」字和兩個「藍」字都是名詞

5. 隨著社會發展的加快，外來詞在現代漢語中的地位和作用也越來越重要，這值得我們重視。含有音譯成分的外來詞主要有：（一）純音譯，如布丁（二）半音半意譯，如千瓦（三）音譯加類名，如卡片（四）音意兼譯，如俱樂部。下列外來詞依此順序排列的選項是：
   (A) 嬉皮、啤酒、吉他、華爾街
   (B) 吉他、華爾街、啤酒、嬉皮
   (C) 吉他、嬉皮、啤酒、華爾街
   (D) 啤酒、吉他、華爾街、嬉皮

6. 成語是現成的簡短有力的詞組，運用得當，可使文章生色，所以作者多樂於採用，如：

甲、唉呀，不好了，阿彌陀佛，怎麼辦呢？我急得□□□□
（吳濁流〈一場虛驚〉）

乙、楊逵先生若是有三長兩短的話，我蒙上謀殺名作家的罪名是
難免的。多麼敬愛祖父的楊翠小姐一定不能原諒我。如今回
想當時的憂慮，□□□□（陳秀喜〈楊逵先生和大鄧伯花〉）

丙、每一次看見你□□□□／阿爸的心多麼絞痛／孩子呀！不要
忘記／一時的得意／往往是無數怨恨的種子（吳晟〈愚行〉）

丁、在中篇小說〈雨〉裡面，鍾理和倒描寫了反面的地方士紳人
物──羅丁瑞。「日據時代身任庄役場（鎮公所）兵事係要
職，大權在握，成為一個了不起的人物，在地方上叱咤風雲，
□□□□，不可一世……」（葉石濤〈新文學傳統的繼承者──
鍾理和〉）

上引各段文字□□□□內的成語，依序最適宜填入的選項是：
(A) 心有餘悸／汗流浹背／趾高氣揚／吐氣揚眉
(B) 汗流浹背／心有餘悸／吐氣揚眉／趾高氣揚
(C) 心有餘悸／汗流浹背／吐氣揚眉／趾高氣揚
(D) 汗流浹背／心有餘悸／趾高氣揚／吐氣揚眉

7. 下引文字，依文意排列，順序最恰當的選項是：
始吾幼且少，
甲、是固不苟為炳炳烺烺
乙、及長
丙、為文章以辭為工
丁、乃知文者以明道
務采色，誇聲音而以為能也。（柳宗元〈答韋中立論師道書〉）
(A) 丙乙丁甲　　　　　　(B) 丁丙甲乙
(C) 丙甲乙丁　　　　　　(D) 丁乙甲丙

8. 新詩並非全無格律可言，其取法古典詩，講求<u>句式整齊、句尾押韻</u>的例子時有所見。請據此推敲，下引戴望舒〈寂寞〉一詩，□□內最適宜填入的選項是：

園中野草漸□□／托根於我舊時的□□／給他們披□□的綵衣／星下的盤桓從茲消隱

(A) 離離／腳印／青春　　(B) 縣縣／憂愁／年少

(C) 青青／懷念／繽紛　　(D) 瑟瑟／創傷／斑斕

9. 以「也」字為句尾詞，《論語》、《孟子》及先秦諸子已多見，宋人散文亦好用之，其中使用「也」字形成特殊風格而最為後人所稱頌的文章是：

(A) 蘇洵〈六國論〉　　(B) 蘇軾〈留侯論〉

(C) 曾鞏〈墨池記〉　　(D) 歐陽脩〈醉翁亭記〉

10. 人倫是中華文化的重要質素，而文人亦常在詩作中流露對人倫的真切感受。我國傳統將人倫略分為五個層次：夫婦、父子、兄弟、朋友、君臣；為了更切合實際，可以稍稍改動為：（一）夫妻（二）親子（三）手足（四）朋友（五）群己。下列詩篇，其內容符合此排序的選項是：

甲、自君之出矣，羅帳咽秋風。思君如蔓草，連延不可窮

　　（南朝·梁·范雲詩）

乙、遊人武陵去，寶劍直千金。分手脫相贈，平生一片心

　　（唐·孟浩然詩）

丙、孤雁不飲啄，飛鳴聲念群。誰憐一片影，相失萬重雲。

　　望盡似猶見，哀多如更聞。野鴉無意緒，鳴噪自紛紛

　　（唐·杜甫詩）

丁、一春簷溜不曾停，滴破空階蘚暈青。便是兒時對牀雨，絕
憐老大不同聽。雁回杳杳渾無夢，鵲語啾啾似有憑。忽得
遠書看百過，眼昏自起剔殘燈（宋‧劉克莊詩）

戊、燈怯寒威焰不青，忽聞急雪打窗櫺。宵深未敢拋刀尺，為
伴孤兒課一經（清‧汪鈴詩）

(A) 甲丙乙丁戊　　　　　　(B) 丙乙甲丁戊
(C) 甲戊丁乙丙　　　　　　(D) 丙丁戊甲乙

11. 1959 年，潘天壽畫了一幅「誠齋詩意」（如附圖）。誠齋是南宋
詩人楊萬里的別號，下列楊萬里所作七絕符合畫境的選項是：

(A) 〈誠齋〉：浯溪見了紫巖回，獨笑春風儘放懷。譁向世人談
昨夢，便來喚我作誠齋

(B) 〈小池〉：泉眼無聲惜細流，樹陰照水愛晴柔。小荷纔露尖
尖角，早有蜻蜓立上頭

(C) 〈曉坐荷橋〉：四葉青蘋點綠池，千重翠蓋護紅衣。蜻蜓空
裏元無見，只見波間仰面飛

(D) 〈秋涼晚步〉：秋氣堪悲未必然，輕寒政是可人天。綠池落
盡紅蕖卻，荷葉猶開最小錢

12. 《西遊記》假借玄奘取經的史實，改寫成長篇小說，流傳中外。
　　下列有關《西遊記》的敘述，正確的選項是：
　　(A) 《西遊記》敘述唐僧取經的歷程，是一部歷史小說
　　(B) 歷史上的唐僧取經，只有孫悟空為伴；豬八戒、沙和尚和龍
　　　　馬是《西遊記》添加的虛構人物
　　(C) 齊天大聖大鬧天宮，要玉皇大帝搬出天宮，讓他來住，並且
　　　　說：「常言道：『皇帝輪流做，明年到我家。』……」這表
　　　　現了民主精神
　　(D) 美猴王離開花果山水簾洞，參訪仙道，遇到一個樵夫，樵夫
　　　　指點神仙住處說：「不遠、不遠。此山叫做靈臺方寸山。山
　　　　中有座斜月三星洞。……」其中「靈臺方寸」、「斜月三
　　　　星」指的都是「心」，意指學仙不必在遠，只在此心

13. 下列關於書信用語、格式、禮儀的敘述，正確的選項是：
　　(A) 為了保障自己的隱私權，信封上不可寫出自己的姓名，最好
　　　　是連姓氏都不要輕易洩露
　　(B) 寫信回家，稱呼自己的家人應加一「家」字，如「家嚴」、
　　　　「家慈」、「家兄」、「家姊」等
　　(C) 為求信件順利傳遞，信封上收信人的郵遞區號務必正確填
　　　　寫；發信人的郵遞區號與信件傳遞的速度無關，自可略而
　　　　不寫
　　(D) 自謙而尊人是禮儀的基本精神。老師對學生有所教導，在書
　　　　信中往往用「商量」、「討論」等語，以示謙遜；但學生仍
　　　　當恪守分際，而用「請教」、「請益」等語，保持敬意

14. 關於下引文字，敘述不正確的選項是：
　　　子華使於齊，冉子為其母請粟。子曰：「與之釜。」請益。

曰：「與之庾。」冉子與之粟五秉。子曰：「赤之適齊也，乘肥馬、衣輕裘。吾聞之也，君子周急不繼富。」（註：公西赤，字子華；釜、庾、秉都是量的單位）（《論語·雍也》）

(A)　「請益」是指冉子向孔子請教贈粟的多寡

(B)　孔子認為君子行事，宜雪中送炭，非錦上添花

(C)　「周急不繼富」的「周」字通「賙」字，是救濟的意思

(D)　從「乘肥馬、衣輕裘」，可知子華行裝豪華，並不窮困匱乏

15. 關於下引文字，敘述<u>不正確</u>的選項是：

　　子路，人告之以有過，則喜。禹聞善言，則拜。大舜有大焉，善與人同，舍己從人，樂取於人以為善。自耕稼陶漁以至為帝，無非取於人者。取諸人以為善，是與人為善者也。故君子莫大乎與人為善。（《孟子·公孫丑》）

(A)　「大舜有大焉」，「有」同「又」，意謂舜又比子路和禹更偉大

(B)　「子路，人告之以有過，則喜」，子路喜其得聞己過而改之，是勇於改過的表現

(C)　「自耕稼陶漁以至為帝，無非取於人者」，「耕稼」謂種田，「陶漁」謂以陶器撈魚

(D)　此章言聖賢樂善之誠，並無人我的區隔，所以，別人的善可以用來充實自己，而自己的善也可施予別人

16. 關於下引文字，敘述正確的選項是：

　　郗太傅（郗鑒）在京口，遣門生與王丞相（王導）書，求女婿。丞相語郗信：「君往東廂，任意選之。」門生歸，白郗曰：「王家諸郎，亦皆可嘉，聞來覓婿，咸自矜持。唯有一郎在牀上坦腹臥，如不聞。」郗公云：「正此好！」訪之，乃是逸少（王羲之），因嫁女與焉。（《世說新語·雅量》）

(A) 「遣門生與王丞相書」，是送書卷作爲見面禮

(B) 「丞相語郗信」，是說王丞相口授回信給郗太傅

(C) 「唯有一郎在牀上坦腹臥，如不聞」，「一郎」是指王家的大少爺

(D) 「郗公云：『正此好！』」郗鑒擇王羲之爲婿，是因爲他不做作，是個率眞的人

17. 關於下引文字，敘述不正確的選項是：

　　一種社會所最可怕的不是民眾浮淺頑劣，因爲民眾通常都是浮淺頑劣的。牠所最可怕的是沒有在浮淺卑劣的環境中而能不浮淺卑劣的人。比方英國民眾就是很沉滯頑劣的，然而在這種沉滯頑劣的社會中，偶爾跳出一二個性堅強的人，如雪萊，卡萊爾，羅素等，其特立獨行的膽與識，卻非其他民族所可多得。這是英國人力量所在的地方。路易鏗笛生曾批評日本，說她是一個沒有柏拉圖和亞理斯多德的希臘，所以不能造偉大的境界。據生物學家說，物競天擇的結果不能產生新種，須經突變（Sports）。所謂突變，是指不像同種的新裔。社會也是如此，牠能否生長滋大，就看牠有無突變式的分子；換句話說，就看十字街頭的矮人群中有沒有幾個大漢。（朱光潛〈談十字街頭〉）

(A) 作者認爲一個社會能否向上提升，繫於這個社會有沒有卓越的大人格

(B) 「矮人群」一詞喻浮淺卑劣之民眾；「大漢」一詞喻特立獨行有膽有識之人

(C) 從文中的觀點來看，可知日本優於英國，因爲她雖沒有柏拉圖和亞理斯多德，可是民眾並不浮淺卑劣

(D) 「在浮淺卑劣的環境中而能不浮淺卑劣的人」，這種人近於顧炎武〈廉恥〉所謂：彼眾昏之日而獨醒之人

二、多選題（21 分）

說明： 第 18 至第 24 題，每題各有 5 個選項，其中至少有一個是正確的。選出正確選項，劃記在答案卡之「選擇題答案區」。每題 3 分，各選項獨立計分，每答對一個選項，可得 0.6 分，每答錯一個選項，倒扣 0.6 分，完全答對得 3 分，整題未作答者，不給分亦不扣分。在備答選項以外之區域劃記，一律倒扣 0.6 分，倒扣至本大題之實得分數爲零爲止。

18. 下列文句中的「行」字，有「實施」之意的選項是：

(A) 阿宣「行」志學，而不愛文術（陶淵明〈責子〉）

(B) 「行」仁政而王，莫之能禦也（《孟子·公孫丑》）

(C) 說秦王書十上，而說不「行」（《戰國策·秦策》）

(D) 言之無文，「行」而不遠（《左傳·襄公二五年》）

(E) 子曰：二三子以我爲隱乎？吾無隱乎爾。吾無「行」而不與二三子者（《論語·述而》）

19. 美學家說：「感覺是我們進入審美經驗的門戶。」因此，文學家多善用視覺、聽覺、嗅覺、味覺、膚覺等意象，藉以引起讀者的聯想，激動讀者的情緒。下列作品中運用<u>上述感覺意象三種以上（含三種）</u>的選項是：

(A) 醉別江樓橘柚香，江風引雨入舟涼。憶君遙在瀟湘月，愁聽清猿夢裏長（王昌齡〈送魏二〉）

(B) 霧失樓臺，月迷津渡，桃源望斷無尋處。可堪孤館閉春寒，杜鵑聲裏斜陽暮（秦觀〈踏莎行〉上片）

(C) 乘彩舫，過蓮塘，棹歌驚起睡鴛鴦。遊女帶香偎伴笑，爭窈窕，競折團荷遮晚照（李珣〈南鄉子〉）

(D) 少年聽雨歌樓上，紅燭昏羅帳。壯年聽雨客舟中，江闊雲低，斷雁叫西風。而今聽雨僧廬下，鬢已星星也。悲歡離合總無情，一任階前、點滴到天明（蔣捷〈虞美人〉）

(E) 風飄飄，雨瀟瀟，便做陳摶也睡不著，懊惱傷懷抱。撲簌簌淚點拋。秋蟬兒噪罷寒蛩兒叫，漸零零細雨灑芭蕉（關漢卿〈雙調‧大德歌〉）

20. 古人論孝道的言論很多，如敬養父母、先意承志等。除了事親之外，寶愛自身也是盡孝之道，下列文字，符合寶愛自身之孝的選項是：

(A) 孝子不登高，不履危（《大戴禮記‧曾子本孝》）

(B) 父母之年，不可不知也。一則以喜，一則以懼（《論語‧里仁》）

(C) 事父母幾諫，見志不從，又敬不違，勞而不怨（《論語‧里仁》）

(D) 身體髮膚，受之父母，不敢毀傷，孝之始也（《孝經‧開宗明義章》）

(E) 孝子之事親也，居則致其敬，養則致其樂，病則致其憂，喪則致其哀，祭則致其嚴（《孝經‧紀孝行章》）

21. 滕宗諒重修岳陽樓，「刻唐賢今人詩賦於其上」，並請范仲淹作記。范仲淹讀了前人作品，將其歸納為悲、喜兩類。下列有關岳陽樓的唐詩，抒發悲懷的選項是：

(A) 白首看黃葉，徂顏復幾何。空憐棠樹下，不見政成歌（張說〈岳州看黃葉〉）

(B) 日長風暖柳青青，北雁歸飛入窅冥。岳陽樓上聞吹笛，能使春心滿洞庭（賈至〈西亭春望〉）

(C) 昔聞洞庭水，今上岳陽樓。吳楚東南坼，乾坤日夜浮。
親朋無一字，老病有孤舟。戎馬關山北，憑軒涕泗流
（杜甫〈登岳陽樓〉）

(D) 倚樓高望極，展轉念前途。晚葉紅殘楚，秋江碧入吳。
雲中來雁急，天末去帆孤。明月誰同我，悠悠上帝都
（江為〈岳陽樓〉）

(E) 萬古巴丘戍，平湖此望長。問人何淼淼，愁暮更蒼蒼。
疊浪浮元氣，中流沒太陽。孤舟有歸客，早晚達瀟湘
（劉長卿〈岳陽館中望洞庭湖〉）

22. 下列關於詞、曲的敘述，正確的選項是：
(A) 北曲的四聲是平、上、去、入
(B) 詞、曲原可入樂，都屬音樂文學
(C) 相對於詞而言，曲的語言比較通俗、淺顯、自然、接近口語
(D) 一般來說，詞不能隨意增加襯字，曲可以有襯字，而曲的襯字大都用在句尾
(E) 詞、曲的句式，在其格律內可以長長短短，不必通首都是四言、五言或七言

23. 關於下引文字，敘述正確的選項是：

　　在胡適以前，白話文、新文言體和漢字拉丁化的運用，主要是為了適應政治上和教育上的需要而已。早期的社會改革者在提倡白話文的時候，從未想到要涉及到文學的範圍去，而白話小說的作者自己，亦從不把自己的作品看作中國的正統文學。因此，胡適在白話文運動的貢獻是非常顯著的：他不但認識到白話文的教育價值，而且還是第一個肯定白話文尊嚴和它的文學價值的人。在他看來，中國文學能有今天的成就，乃是因為在其發展過程中，不斷有通俗的作品以非正統文學姿態出現的緣故。關於這

一點，他在《新青年》早期的文章裡、在《白話文學史》上卷中，一再從中國詩歌、戲劇和小說的發展史中引用例子來證明。依此看來，當時倡導白話文學，不但不會與中國文學的傳統脫節，而且還是保證這傳統繼續發展下去的唯一可靠辦法。

（夏志清〈文學革命〉）

(A) 在胡適的觀念裡，非正統文學是豐富中國文學的重要成分，是成就中國文學的重要力量

(B) 有人以為胡適是第一個提倡白話文的人，實不正確；但他的確是第一個肯定白話文的文學價值的人

(C) 「不把自己的作品看作中國的正統文學」，可見白話小說的作者普遍有求變求新的精神，要在正統文學之外，自創新局

(D) 所謂「主要是為了適應政治上和教育上的需要」，意指白話文、新文言體和漢字拉丁化，都更便於吸收新知、傳佈新知，有助當時中國政治與教育的改革

(E) 本文旨趣在於強調當時倡導白話文學是正確的，並凸顯胡適對「文學革命」的重大貢獻

24. 關於下引文字，敘述正確的選項是：

公明宣學於曾子，三年不讀書。曾子曰：「宣，而居參之門，三年不學，何也？」公明宣曰：「安敢不學。宣見夫子居宮庭，親在，叱吒之聲未嘗至於犬馬，宣說之，學而未能；宣見夫子之應賓客，恭儉而不懈惰，宣說之，學而未能；宣見夫子之居朝廷，嚴臨下而不毀傷，宣說之，學而未能。宣說此三者，學而未能，宣安敢不學而居夫子之門乎？」曾子避席謝之曰：「參不及宣，其學而已。」（《說苑•反質》）

(A) 就公明宣所答可知：對於「學習」範圍的認知，公明宣比曾子更開闊

(B) 公明宣「三年不讀書」，實際上他所讀的是「為人處世」這部書

(C) 曾子「避席謝之」，是因為他自認忝為公明宣的老師，卻未能鞭策他讀書，深感慚愧

(D) 平心而論，曾子自身言行莊重，無意中產生了不言而教的效果，又時時關注學生的學習，固無負於老師之職分

(E) 子夏曾說「賢賢易色，事父母能竭其力，事君能致其身，與朋友交，言而有信。雖曰未學，吾必謂之學矣」（《論語‧學而》），與公明宣對「學」的看法相近

第貳部分：非選擇題（佔45分）

說明：本大題共有二題，請依各題指示作答，答案務必寫在答案卷上，並標明題號。

一、語譯（18分）

請將下列文言文譯為語體文，並注意新式標點的正確使用：

是以泰山不讓土壤，故能成其大；河海不擇細流，故能就其深；王者不卻眾庶，故能明其德。是以地無四方，民無異國，四時充美，鬼神降福，此五帝三王之所以無敵也。今乃棄黔首以資敵國，卻賓客以業諸侯，使天下之士，退而不敢西向，裹足不入秦，此所謂藉寇兵而齎盜糧者也。（李斯〈諫逐客書〉）

二、作文（27分）

請以「探索」為題，寫一篇首尾俱足、結構完整的文章，文長不限。

【注意】不得以新詩、歌詞或書信的形式書寫。

九十六年度指定科目考試國文科試題詳解

第壹部分：選擇題

一、單選題

1. **C**

   【解析】(A) 刃：指事／本：指事／日：象形

   (B) 犬：象形／下：指事／公：會意

   (C) 慫、闊、筐：形聲

   (D) 森：會意／國：形聲／龐：象形（也有作形聲者）

2. **B**

   【解析】(A) 走「頭」無路→投

   (C) 「一」口同聲→異

   (D) 「挽」惜→惋

3. **B**

   【解析】(A) 色厲內荏：語出論語陽貨篇：「色厲而內荏，譬諸小人，其猶穿窬之盜也與。」意指人外表看起來嚴肅，但其實內心軟弱，是偏向負面評價的成語，和外剛內柔不同。

   (B) 哀矜而勿喜：語出論語子張篇：「上失其道，民散久矣，如得其情，則哀矜而勿喜。」哀矜：哀憐、體恤之意。這是曾子告誡其弟子陽膚做訟獄之官的原則與心情，即使你發現了別人犯錯或罪行的實情，也不應該高興，而應懷抱著哀憐體恤的心情。

(C) 當仁不讓：語出論語魏靈公篇：「當仁不讓於師。」
　　意謂對於自己所當為之事，勇於承擔，毫不推辭。

(D) 不恥下問：語出論語公冶長篇：「子貢問曰：『孔文
　　子何以謂之文也？』子曰：『敏而好學，不恥下問，
　　是以謂之文也。』」 意謂不以向身分較低微、或是
　　學問較自己淺陋的人求教為可恥。向老師請益，不
　　可以用不恥下問這個成語。

4. **C**

【解析】(A) 質「的」張而弓矢至焉：「的」是射箭的箭靶、標的

(B) 君子善「假」於物也：「假」是憑藉利用的意思

(C) 心如「結」兮：心志堅定如繩結，不會動搖改變

(D) 「青」取之於「藍」，而「青」於「藍」：第一個
　　青是顏料，屬名詞；第二個青是形容詞；前後兩
　　個「藍」都是植物名，蘭草，屬名詞

5. **B**

【解析】GUITAR 吉他，純音譯

WALL STREET 華爾街，華爾是音譯，街是意譯

BEER 的音譯是啤，酒是類名

HIPPY 嬉皮，美國 1970 年代的流行文化，長髮披散，
不修邊幅，穿著破舊的喇叭褲，是嬉皮族的外貌特徵，
音意兼譯

6. **D**

【解析】 汗流浹背：汗水濕透了背部，可能因為緊張、驚恐、
天氣酷熱，或工作辛苦以致於大汗淋漓，
濕透了背部

心有餘悸：儘管事過境遷，但回想起當時的狀況仍然
敎人驚恐緊張

趾高氣揚：行進時腳抬得很高，一副神氣昂揚的姿態；
形容人驕傲自滿

吐氣揚眉：人經過一番努力奮鬥之後，終於出人頭地

7. **A**

【解析】 注意連接詞的部份，其邏輯為：始吾幼且少，……，
及長，乃知……

【語譯】 以前我年輕時，作文章力求文辭精妙。年歲大些才知
道文章用來闡明聖道，不是隨便以寫得華麗鮮豔，講
究辭藻與聲律的誇飾為能幹。

8. **A**

【解析】 題幹已經提示「句式整齊，句尾押韻」。第四句句尾韻
腳為「隱」，則第二句句尾押同韻「印」；故選(A)為宜

9. **D**

【解析】 (D) 全文使用 21 個「也」字，乃歐陽脩醉翁亭記之特
色，以文章首段為例：「環滁皆山**也**。其西南諸峰
，林壑尤美，望之蔚然而深秀者，琅琊**也**。山行
六七里，漸聞水聲潺潺，而瀉出於兩峰之間者，釀

　　泉<u>也</u>。峰迴路轉，有亭翼然，臨于泉上者，醉翁亭<u>也</u>。作亭者誰？山之僧智僊<u>也</u>。名之者誰？太守自謂<u>也</u>。太守與客來飲於此，飲少輒醉，而年又最高，故自號醉翁<u>也</u>。醉翁之意不在酒，在乎山水之間<u>也</u>。山水之樂得之心而寓之酒<u>也</u>。」

10. **C**

【解析】甲、為夫妻離別相思之情，其關鍵字在「自君之出矣，……思君如蔓草」

　　　　乙、為朋友之情，其關鍵字在「寶劍……分手脫相贈」

　　　　丙、為孤雁失群的感傷，其關鍵字在「孤雁……飛鳴聲念群」

　　　　丁、為手足之情，其關鍵字在「便是兒時對牀雨，絕憐老大不同聽」

　　　　戊、為冬夜課子伴讀，其關鍵字在「為伴孤兒課一經」

11. **B**

【解析】畫面上是一隻蜻蜓停歇在小荷的邊緣，所以選 (B)「小荷纔露尖尖角，早有蜻蜓立上頭」最恰當。(C) 選項的詩雖也有寫到蜻蜓，但是「蜻蜓空裡元無見，只見波間仰面飛」和畫面不相應。

12. **D**

【解析】(A) 西遊記屬神怪小說，非歷史小說

　　　　(B) 玄奘天竺取經僅他一人獨行，小說中的孫悟空、豬八戒、沙悟淨皆屬虛構人物

(C) 藉此表現孫悟空自大驕傲的心態

13. **D**

【解析】(A) 中式直式信封的左路應書寫寄信人的住址和○緘的
字樣，○即是寄件人的姓名

(B) 對別人稱呼自家長輩才用「家父」「家母」「家兄」
「家姊」

(C) 信封上收件人和寄件人之郵遞區號均須寫明

14. **A**

【語譯】子華出使齊國。冉子替子華的母親請求米糧。孔子說：
「給他一釜。」冉子請求增加。孔子說：「給他一庾。」
冉子却給他五秉米糧。孔子說：「公西赤到齊國去的時
候，坐著肥馬拉的車子，穿著皮裘。我聽說君子只會
賙濟急需幫助的人，不會替富有人家增添財富。」

15. **C**

【語譯】子路這個人。別人告訴他有過失，就非常歡喜；夏禹
聽到善言，就行禮答謝。大舜又比這兩個人偉大，他
能視別人之善猶自己之善；並且能捨棄自己的過錯，
以從人之善；喜歡採取別人的長處，拿來行善。從他
微賤時從事耕種、燒窯、打魚等行業，一直到當了帝
王，沒有不是採取別人的長處，自己照樣去做的。採
取別人的長處拿來行善，也就是幫助別人行善。所以
君子的美德，沒有比幫助別人行善更大的了。

16. **D**

【語譯】 郗太傅在京口時，派門生送給王導一封信，要在王家
子姪中挑選一位女婿。王導對使者說：「您到東廂房去
，任意挑選。」門生回來，稟告郗太傅說：「王家幾位
公子都值得讚美，聽說來選女婿，個個都故作矜持莊
重，只有一位公子，在東床上裸露肚皮吃東西，好像
沒聽說過這件事似的。」郗太傅說：「就是這個人好！」
派人詢問，原來是逸少，於是就把女兒嫁給他。

17. **C**

【解析】 日本是一個沒有柏拉圖和亞理斯多德的希臘，所以不
能造偉大的境界。而英國……在這種沉滯頑劣的社會
中，偶爾跳出一二個性堅強的人，如雪萊，卡萊爾，
羅素等，其特立獨行的膽與識，卻非其他民族所可多
得。這是英國人力量所在的地方，所以日本並不優於
英國。

二、多選題

18. **BC**

【解析】 (A) 將

(B)(C) 實施

(D) 流傳

(E) 作為

19. **ABC**

【解析】 (A) 橘袖香：嗅覺。江風：聽覺。引雨：視覺兼聽覺。

入舟涼：膚覺。月：視覺。愁聽清猿：聽覺

(B) 霧失樓臺，月迷津渡，桃源望斷：視覺。

春寒：膚覺。杜鵑聲：聽覺。斜陽暮：視覺

(C) 彩舫、蓮塘：視覺。棹歌：聽覺。鴛鴦：視覺。

遊女帶香：嗅覺。偎伴笑：聽覺。

競折團荷遮晚照：視覺

(D) 聽雨歌樓上：聽覺。紅燭昏羅帳：視覺。

聽雨客舟中：聽覺。江闊雲低：視覺。

斷雁叫西風：聽覺。聽雨僧廬下：聽覺。

鬢已星星也：視覺。點滴到天明：聽覺。

(E) 風飄飄、雨蕭蕭：聽覺。淚點拋：膚覺。

秋蟬噪、寒蛩叫：聽覺。細雨灑芭蕉：聽覺

20. **AD**

【解析】 (B) 乃言及時盡孝

(C) 乃教人勸諫父母之道

(E) 乃事親之道

21. **ACDE**

【解析】 抒發悲懷的關鍵字在於：

(A) 空憨棠樹下，不見政成歌

(C) 老病有孤舟。……，憑軒涕泗流

(D) 展轉念前途。晚葉紅殘楚

(E) 愁暮更蒼蒼

22. **BCE**

【解析】　(A) 北曲的四聲是：陰平、陽平、上、去

　　　　　(D) 曲的襯字大都用在句首、句中

23. **ABDE**

【解析】　從未想到要涉及到文學的範圍去，而白話小說的作者自己，亦從不把自己的作品看作中國的正統文學

24. **ABDE**

【解析】　(C) 曾子避席謝之，是因為他自認忝為公明宣的老師，對學習範圍的認知不及公明宣

第貳部分：非選擇題

一、語譯

　　所以泰山不捨棄土壤，故能成就它的高大；河海不挑選細小的水流，故能成就它的淵深；想要稱王天下的人，不拒絕眾民，故能顯揚盛德。所以土地不分東西南北，人民不分本國外國，時時充實而美好，鬼神降臨福澤，這就是五帝三王所以無敵於天下的原因啊！現在竟然拋棄人民來幫助敵國，辭退賓客讓他們幫助諸侯建立功業，使天下的賢才，退避不敢向西事奉秦國，停住腳步不再踏入秦國，這就是所謂借兵器給敵人，送糧食給盜賊啊！

二、作文

探　索

　　當年阿姆斯登陸月球的那一刻，開啟了人類幾千年來探索月球的夢想；達爾文駕著小獵犬號航行，記錄探索了物種的源起與變遷；唐

朝的玄奘大師，爲了一解中譯佛經裡的諸多疑問，踏上了天竺的探索之旅，讓中印文明碰撞出精采的火花。

探索是一種好奇，也是一種發自心底的熱誠。當這股好奇與熱誠驅動了生命，你更不容自己地要去了解、要去發現、要去體認。富蘭克林對雷雨中的閃電進行了無數次的探索，儘管危險，但是讓我們對物理世界的認識前進了一大步。

狂犬病毒對人類而言幾乎是形同絕症，因爲這病毒入侵我們的腦神經中樞，在進入這個系統之前，有一塊保護的障壁讓小分子的細胞無法入侵，但是狂犬病毒卻因爲分子很小，可以通過這個障壁，可是藥物卻進不去。怎麼辦呢？難道只有坐以待斃嗎？生物科學家不斷地探索了解，想到了治療的方法，就是將藥物和病毒分子結合在一起，讓牠通過障壁進入腦中，讓狂犬病毒的治療有了希望。因爲這個研究探索也開啓了人類治療其他疾病的契機。

高一那年暑假我讀到西班牙文學作品「唐吉訶德」，對他生長的故鄉有了一種好奇與嚮往。那是個什麼樣的地方呢？如果我也站在那片土地上，會不會更能體會他的心情？去年暑假，我背上背包飛往那個以鬥牛和卡門聞名的國家。第五天我獨自走在卡斯提亞中央高原，找到了書裡的地名 Lamancha，攝氏四十五度的高溫，讓高原的紅土彷彿燃了起來。傍晚時分夕陽將大地染成一片血紅，微風輕輕從耳邊拂過，整個高原只有我一個人，我這才體會到陳子昂登幽州台歌：「前不見古人，後不見來者，念天地之悠悠，獨愴然而淚下」的孤寂感。那半個月的高原探索之旅，讓我學會面對自然與歷史只有謙卑。

探索開啓了個人的心靈，也是人類文明進步的動力。他是一把神奇的金鑰匙，讓我們通過蒙昧與幽暗，望見遠方光明與希望。

九十六學年度指定科目考試（國文）
大考中心公佈答案

題　號	答　　案	題　號	答　　案
1	C	16	D
2	B	17	C
3	B	18	BC
4	C	19	ABC
5	B	20	AD
6	D	21	ACDE
7	A	22	BCE
8	A	23	ABDE
9	D	24	ABDE
10	C		
11	B		
12	D		
13	D		
14	A		
15	C		

九十六學年度指定科目考試
各科成績標準一覽表

科　目	頂　標	前　標	均　標	後　標	底　標
國　文	70	64	56	45	36
英　文	60	46	26	13	7
數學甲	62	49	33	20	11
數學乙	72	60	43	27	17
化　學	74	61	41	24	15
物　理	68	51	27	12	5
生　物	84	74	56	40	31
歷　史	75	68	55	40	28
地　理	56	50	40	30	21

※ 以上五項標準均取為整數（小數只捨不入），且其計算均不含缺考生之成績，
　計算方式如下：

　頂標：成績位於第 88 百分位數之考生成績。
　前標：成績位於第 75 百分位數之考生成績。
　均標：成績位於第 50 百分位數之考生成績。
　後標：成績位於第 25 百分位數之考生成績。
　底標：成績位於第 12 百分位數之考生成績。

例：　某科之到考考生為 99982 人，則該科五項標準為

　　頂標：成績由低至高排序，取第 87985 名（99982×88%=87984.16，取整數，
　　　　　小數無條件進位）考生的成績，再取整數(小數只捨不入)。

　　前標：成績由低至高排序，取第 74987 名（99982×75%=74986.5，取整數，
　　　　　小數無條件進位）考生的成績，再取整數(小數只捨不入)。

　　均標：成績由低至高排序，取第 49991 名（99982×50%=49991）考生的成績，
　　　　　再取整數(小數只捨不入)。

　　後標：成績由低至高排序，取第 24996 名（99982×25%=24995.5，取整數，
　　　　　小數無條件進位）考生的成績，再取整數(小數只捨不入)。

　　底標：成績由低至高排序，取第 11998 名（99982×12%=11997.84，取整數，
　　　　　小數無條件進位）考生的成績，再取整數(小數只捨不入)。

九十五年大學入學指定科目考試試題
國文考科

第壹部分：選擇題（佔 55 分）

一、單選題（34 %）

說明：第 1 至第 17 題，每題選出一個最適當的選項，劃記在答案卡之「選擇題答案區」。每題答對得 2 分，答錯或劃記多於一個選項者倒扣 2/3 分，倒扣至本大題之實得分數零分為止。未作答者，不給分亦不扣分。

1. 下列各組詞語「」內的字，讀音完全相同的選項是：
   (A) 「嗟」歎不已／「蹉」跎時日／山勢「嵯」峨
   (B) 「貽」人笑柄／甘之如「飴」／不忍欺「紿」
   (C) 鶼「鰈」情深／「喋」喋不休／最後通「牒」
   (D) 深「諳」世故／喉嚨「喑」啞／「黯」然失色

2. 下列文句中的「以」字，意義與其他選項不同的是：
   (A) 《左傳·燭之武退秦師》：晉侯、秦伯圍鄭，「以」其無禮於晉，且貳於楚也
   (B) 范仲淹〈岳陽樓記〉：不「以」物喜，不以己悲。居廟堂之高，則憂其民；處江湖之遠，則憂其君
   (C) 曹丕〈典論論文〉：西伯幽而演《易》，周旦顯而制《禮》；不「以」隱約而弗務，不以康樂而加思
   (D) 曾鞏〈墨池記〉：推王君之心，豈愛人之善，雖一能不以廢，而因以及乎其跡邪？其亦欲推其事「以」勉學者邪

3. 「互文足義」的情況之一，指篇中某一句內的上下兩個意義單位，並非個別獨立，而必須統整在一起作互補的解釋，文意始能完足。如文天祥〈正氣歌〉「雞棲鳳凰食」，意指雞和鳳凰同居共食。「雞棲」、「鳳凰食」在此句中，不是個別獨立的兩個意義單位，而必須作統整、互補的解釋。下列詩句，符合「互文足義」的選項是：
   (A) 杜牧〈泊秦淮〉：煙籠寒水月籠沙
   (B) 晏殊〈清平樂〉：鴻雁在雲魚在水
   (C) 蘇軾〈東欄梨花〉：梨花淡白柳深青
   (D) 歐陽脩〈答謝景山遺古瓦硯歌〉：力彊者勝怯者敗

4. 王國維《宋元戲曲史》：「古代文學之形容事物也，率用古語，其用俗語者絕無。又所用之字數亦不甚多。獨元曲以許用襯字故，故輒以許多俗語，或以自然之聲音形容之。此自古文學上所未有也。」如《西廂記》之〈得勝令〉：
   驚覺我的是□□□竹影走龍蛇，虛飄飄莊周夢蝴蝶，□□□促織兒無休歇，韻悠悠砧聲兒不斷絕，□□□傷別。急煎煎好夢兒應難捨，冷清清的容嗟，嬌滴滴玉人兒何處也？
   上文□□□處的詞語，依序最適合填入的選項是：
   (A) 顫巍巍／絮叨叨／痛煞煞
   (B) 痛煞煞／絮叨叨／顫巍巍
   (C) 絮叨叨／顫巍巍／痛煞煞
   (D) 顫巍巍／痛煞煞／絮叨叨

5. 有些文學作品，在上句句尾與下句句首的位置，安排重複的詞語，以顯現連綿不絕的情意，如〈飲馬長城窟行〉：「青青河畔草，綿綿思遠道。遠道不可思，宿昔夢見之。夢見在我旁，忽覺在他鄉」即是。下引現代詩的表現方式類似上述情況，呈現了連續不斷的欣喜之情。其文句排序，最適當的選項是：

這支歌聲最初曾在我的心中爆裂的闡發

甲、當黎明躍起

乙、玫瑰之綻開黎明

丙、亦如盈盈的露水之綻開玫瑰

丁、我就聽到溢滿林間的呼喚

戊、而這呼喚也像是跟隨著一種雷鳴而來（彭邦楨〈聯想〉）

(A) 甲丙乙丁戊　　　　(B) 丙乙甲丁戊

(C) 丙乙丁戊甲　　　　(D) 戊丁乙丙甲

6. 下列文句均與季節有關。就其所描寫的景色、情境，<u>依春夏秋冬物候變化之先後為序</u>，排列正確的選項是：

甲、那時暄氣初消，月正圓，蟹正肥，桂花皎潔，也未陷入凜冽蕭瑟氣態，這是最值得賞樂的

乙、一地李花，飄零似雪，也為我翌日晨曉推窗時牽起家國之思來，這種思念，經過日光烘托，益其溫暖爛漫，浩浩蕩蕩，明媚千萬里，天涯便也近在咫尺了

丙、近前光晃晃的柏油路面，熱得實在看不到什麼了。稍遠一點的地方的景象，都給蒙在一層黃膽色的空氣的背後，他再也不敢望穿那一層帶有顏色的空氣看遠處

丁、南方的黃梅天的確糟糕得可以。天，老是陰沉沉地布滿厚重的破棉絮似的雲，雨是天天下，但下得又不乾脆：有時翻江倒海下一個整天整夜，有時竟連綿到三四天

戊、松濤如吼，霜月當窗，饑鼠吱吱在承塵上奔竄。我於這種時候，深感到蕭瑟的詩趣，常常獨自撥劃著爐火，不肯就睡，把自己擬諸山水畫中的人物，作種種幽邈的遐想

(A) 乙丙丁戊甲　　　　(B) 乙丁丙甲戊

(C) 丁乙丙戊甲　　　　(D) 丁丙乙甲戊

7. 古典詩歌常見「對仗」技巧，下列詩句對仗最為工整的選項是：
   (A) 少婦城南欲斷腸，征人薊北空回首
   (B) 洛陽游絲百丈連，黃河春冰千片穿
   (C) 不見柏梁銅雀上，寧聞古時清吹音
   (D) 紅泥亭子赤欄干，碧流環轉青錦湍

8. 傳統建築常懸掛楹聯，以凸顯建物主題，增添人文情趣。下列各
   選項中的楹聯，何者與建物主題配置不當？
   (A) 松聲竹聲鐘磬聲，聲聲自在；山色水色煙霞色，色色皆空
       ——用於書院
   (B) 真實不虛，大慈悲，度一切苦厄；意識無界，空色相，現五
       蘊光明——用於觀音祠
   (C) 望重南陽，想當年羽扇綸巾，忠貞扶季漢；澤周西蜀，愛此
       地浣花濯錦，香火擁靈祠——用於諸葛亮祠
   (D) 天下名山僧占多，也該留一二奇峰，棲吾道友；世間好語佛
       說盡，誰識得五千妙論，出我仙師——用於道觀

9. 白居易〈琵琶行并序〉「妝成每被秋娘妒」，乃通過側寫旁人的
   反應，呈現琵琶女的美麗；相較於由容貌服飾正面描寫美女的手
   法，有時更為高妙。下列對「美女」的敘述，也採用「側寫」的
   選項是：
   (A) 曹植〈洛神賦〉：丹脣外朗，　皓齒內鮮
   (B) 杜甫〈麗人行〉：態濃意遠淑且真，肌理細膩骨肉勻
   (C) 李白〈于闐采花〉：明妃一朝西入胡，胡中美女多羞死
   (D) 徐賢妃〈賦得北方有佳人〉：腕搖金釧響，步轉玉環鳴

10. 甲、□□的秋水深淺／怎樣測得出一尾魚的體溫／想想莫非自
　　　得其樂／泥塗之龜／畢竟要比供奉楚廟活得自由

　　乙、我的靈魂要到□□去／去洗洗足／去濯濯纓／去飲我的黃
　　　驃馬／去聽聽伯牙的琴聲／我的靈魂要到汨羅去／去看看我
　　　的老師老屈原／問問他認不認得莎孚和但丁／再和他同吟一
　　　葉蘆葦／同食一角米粽

　　丙、雨潤過／飛白／藍天在／裱褙　整張下午／柳枝老是寫著／
　　　一個燕字／而青蟲死命地讀／蛛網那本／線裝的□□／
　　　生門何在／卦象平平

　　上引三段現代詩，□□處依序最適合填入的選項是：
　　(A) 屈原／滄浪／《易經》　　(B) 屈原／天池／《詩經》
　　(C) 莊子／滄浪／《易經》　　(D) 莊子／天池／《詩經》

11. 古人「字」、「號」，來由不一。下列關於古人「字」、「號」
　　的敘述，錯誤的選項是：
　　(A) 蘇軾自號「東坡居士」，乃因其謫居黃州，築室於東坡之故
　　(B) 白居易自號「醉吟先生」，乃用以呈現其放意詩酒的人生
　　　態度
　　(C) 韓愈字「退之」，乃因其名「愈」，而以反義的「退之」為
　　　其字
　　(D) 李白號「青蓮居士」，乃因其偏愛蓮花之清新脫俗，有類其
　　　詩風之故

12. 文學作品中人物說話的「語氣」，可呈現其性格、情緒與心情；
　　語氣可有平淡、誠懇、欣喜、不滿、憤怒、嘲諷、譏刺、諧謔、
　　自負、自嘲……等。下列關於說話者「語氣」的解釋，正確的選
　　項是：

(A) 〈劉姥姥〉：「劉姥姥便站起身來，高聲說道：『老劉！老劉！食量大如牛，吃個老母豬不抬頭！』」顯示出劉姥姥的自負心態

(B) 〈鴻門宴〉：「亞父受玉斗，置之地，拔劍撞而破之，曰：『唉！豎子不足與謀！奪項王天下者，必沛公也，吾屬今為之虜矣！』」顯現范增莽撞而不能顧全大局的個性

(C) 〈馮諼客孟嘗君〉：「（齊王）謝孟嘗君曰：『寡人不祥，被於宗廟之祟，沉於諂諛之臣，開罪於君。寡人不足為也，願君顧先王之宗廟，姑反國統萬人乎？』」顯現齊王因不滿孟嘗君門客太多，遂故加嘲諷的心態

(D) 〈虬髯客傳〉：「道士對弈，虬髯與靖旁侍焉。俄而文皇來，⋯⋯道士一見慘然，下棋子曰：『此局全輸矣！於此失卻局哉！救無路矣！復奚言！』罷弈請去。既出，謂虬髯曰：『此世界非公世界，他方可也。勉之，勿以為念！』」顯現道士由失望惆悵，轉而寬慰、勸勉虬髯客重新振作的心情轉折

13. 「馬蹄聲，孤獨又憂鬱地自遠至近，灑落在沈默的街上如白色的小花朵」句中，將屬於聽覺形象的馬蹄聲，巧妙比擬為視覺形象的白色小花，使無影無形的聲音，通過有形有色的花朵而具體化。下列文句將聽覺形象比擬為視覺形象的選項是：

(A) 鼓聲起處，船便如一支沒羽箭，在平靜無波的長潭中來去如飛

(B) 那小高樓上即刻發出求救的燈語，一明一滅著，有如乞兒的淚珠

(C) 讀舊日友人書／乃有眾多管弦之音打從心窩裡升起／首先是一組瀏亮的喇叭／像一群藍色小鳥撲著翅膀

(D) 他在花瓶旁邊的煙灰盒中，抖掉了紙煙上的灰燼，那紅的煙火，就越紅了，好像一朵小花似的，和他的袖口相距離著

14. 閱讀下列文字後作答：

孩子，你真是快活呀！一早晨坐在泥土裡，耍著折下來的小樹
枝兒。

我微笑著看你在那裡耍弄那根折下來的小樹枝兒。

我正忙著算帳，一小時一小時在那裡加疊數字。

也許你在看我，心想：「這種好沒趣的遊戲， 竟把你一早晨的
好時間浪費掉了！」

孩子，我忘了聚精會神玩耍樹枝與泥餅的方法了。

我尋求貴重的玩具，收集金塊與銀塊。

你呢，無論找到什麼便去做你的快樂的遊戲；我呢，卻把我的時
間與力氣都浪費在那些我永不能得到的東西上。

我在我的脆薄的獨木船裡掙扎著，要航過欲望之海，竟忘了我也
是在那裡做遊戲了。（泰戈爾《新月集・玩具》）

依據上文文意，下列敘述錯誤的選項是：

(A) 「我」羨慕孩子能隨時隨地盡情快樂的遊戲，感歎自己早已
失去這種心情

(B) 「我」明白自己的玩具貴重，懊悔自己常浪費時間精力在其
他無謂的追求上，而忘了專注於金錢遊戲

(C) 本文旨在透過孩子與「我」的對比，表達類似蘇軾〈臨江仙〉
「長恨此身非我有，何時忘卻營營」的感慨

(D) 作者以「我」駕著脆薄的獨木船航過欲望之海，比喻成人陷
溺於既危險又充滿誘惑的遊戲中，無法自拔，卻仍汲汲追求

15. 閱讀下列文字後作答：

邊韶字孝先，陳留浚儀人也。以文章知名，教授數百人。韶口辯，
曾晝日假臥，弟子私嘲之曰：「邊孝先，腹便便。懶讀書，但欲
眠。」韶潛聞之，應時對曰：「邊為姓，孝為字。腹便便，五經

笥。但欲眠，思經事。寐與周公通夢，靜與孔子同意。師而可嘲，出何典記？」嘲者大慚。（《後漢書‧邊韶傳》）

依據上文，下列敘述<u>不當</u>的選項是：

(A) 邊韶不僅飽讀詩書，擅長文章，且口才流利，富機智反應

(B) 文中「寐與周公通夢，靜與孔子同意」，暗用《論語》孔子曰「久矣，吾不復夢見周公」的典故

(C) 「腹便便」讀為「腹ㄆㄧㄢ、　ㄆㄧㄢ、」，學生本用以嘲笑邊韶身材肥胖，邊韶則用以自喻博學多聞

(D) 文中邊韶說「師而可嘲，出何典記」，目的在考核學生熟讀經典的能力，而學生無法回答，故「嘲者大慚」

16. 閱讀下列文字後作答：

趙襄主學御於王於期，俄而與於期逐，三易馬而三後。襄主曰：「子之教我御，術未盡也。」對曰：「術已盡，用之則過也。凡御之所貴，馬體安於車，人心調於馬，而後可以進速致遠。今君後則欲逮臣，先則恐逮於臣。夫誘道爭遠，非先則後也。而先後心皆在於臣，上何以調於馬？此君之所以後也。」

（《韓非子‧喻老》）

文中以學習駕馭車馬為例，主要在闡明：

(A) 快馬加鞭，進速致遠，才能成功

(B) 時時競逐，有先後心，方能致勝

(C) 誘道爭遠，非先則後，無須計較

(D) 調御自如，忘懷得失，始能致遠

17. 下列各「」中的書信用語，適合其使用情境的選項是：

(A) 王大明寫信給任職公司的主管，結尾書寫「職王大明筆」

(B) 王大明寫信給任職公司的主管李經理，開頭書寫「李經理
　　賜鑒」

(C) 王大明寫信給好友，在信中提及自己的父母，使用「令
　　尊」、「令堂」

(D) 王大明寫信給高中導師耿精明，信封中間受信人的欄位書
　　寫「耿精明老師台啓」

二、多選題（21％）

說明：第 18 至第 24 題，每題各有 5 個選項，其中至少有一個是正
　　　確的。選出正確選項，劃記在答案卡之「選擇題答案區」。
　　　每題 3 分，各選項獨立計分，每答對一個選項，可得 0.6 分，
　　　每答錯一個選項，倒扣 0.6 分，完全答對得 3 分，整題未作
　　　答者，不給分亦不扣分。在備答選項以外之區域劃記，一律
　　　倒扣 0.6 分，倒扣至本大題之實得分數零分為止。

18. 下列文句完全沒有錯別字的選項是：

(A) 指考逼近，許多同學都焚膏繼晷，閉門苦讀，根本沒有閒瑕
　　從事休閒活動

(B) 面對這樁棘手的案件，法官理應審慎處理，不能遷就形勢，
　　以免歹徒逍遙法外

(C) 世界棒球經典大賽，中華健兒雖竭心盡力，終因技不如人，
　　鎩羽而歸，令人扼腕

(D) 當今社會，每當事情一發生，便有種種號稱獨家報導者，任
　　意渲染，多所揣測，誠可謂眾說紛紜，真相卻益發撲朔迷
　　離，難以釐清

(E) 為人處世，不宜師心自用，而應多參考他人看法。若對方意
　　見可取，固應從善如流，即使不全可取，亦宜斟酌採行，不
　　必斷然排斥

19. 「斗」是中國古代的一種量器，也常用來形容事物的大小程度。
　　下列文句中的「斗」字，含有「小」或「少」義的選項是：

　(A) 事關重大，請恕我「斗」膽直言

　(B) 人不可貌相，海水不可「斗」量

　(C) 盛夏時節，「斗」室裡顯得酷熱難當

　(D) 子貢問曰：今之從政者何如？子曰：噫！「斗」筲之人，何
　　　足算也

　(E) 今欲致天下之士，民有上書求見者，輒使詣尚書問其所言，
　　　言可采取者，秩以升「斗」之祿，賜以一束之帛

20. 古書裡的語詞，經歷時間的變化，有時會產生詞義擴大的現象。
　　如《論語‧子罕》：「鳳鳥不至，『河』不出圖，吾已矣夫。」
　　文中的「河」原專指「黃河」，後來則擴大為泛指所有的河流，
　　如「井水不犯河水」。下列各組文句「」中的語詞，依前後次
　　序，也具有詞義<u>由小而擴大現象</u>的選項是：

　(A) （項）籍與江東子弟八千人渡「江」而西／孤舟蓑笠翁，獨
　　　釣寒「江」雪

　(B) 《說文》：「瓦」，土器已燒之總名／各人自掃門前雪，休
　　　管他人「瓦」上霜

　(C) 誰云江水廣，一葦可以「航」／現今「航」海、「航」空科
　　　技發達，使得人們在交通上節省了不少時間

　(D) 蔡邕《獨斷》：「朕」，我也。古代尊卑共之，貴賤不嫌／
　　　《史記‧秦始皇本紀》：臣等昧死上尊號，王為泰皇，命為
　　　制，令為詔，天子自稱曰「朕」

　(E) 《爾雅》：穀不熟為饑，蔬不熟為饉，果不熟為「荒」／儘
　　　管現代科學昌明，一旦遭遇糧荒、水荒、石油荒等各種災
　　　「荒」，也未必能應付裕如

21. 下列有關知名詞人的敘述，正確的選項是：
    (A) 蘇軾詞名向爲詩文所掩，他對詞壇的主要貢獻在於精研音律，並且創製長調慢詞
    (B) 李清照由於夫妻恩愛、人生美滿，其詞作無論寫景抒情，每每洋溢幸福之感，極盡細膩婉約之美
    (C) 柳永身爲落魄文士，不時流連歌樓酒館，卻因此創作出眞切自然的深情歌調，廣爲流傳──「凡有井水處，皆能歌柳詞」
    (D) 李後主「生於深宮之中，長於婦人之手」，其作品可分爲前後兩期，後期詞風因遭逢亡國之痛，「眼界始大，感慨遂深」
    (E) 辛棄疾雖爲宋詞「豪放派」大家，實則其詞作風格多樣，除以世衰亂離、國仇家恨爲書寫題材外，亦不乏清麗淡雅之作，甚或「以文爲詞」，故作詼諧，語帶幽默

22. 文學作品往往呈現作者不同的思想傾向，下列敘述正確的選項是：
    (A) 「安得不死藥，高飛向蓬瀛」，表達追求涅槃永生的佛教思想
    (B) 「生滅原知色即空，眼看傾國付東風」，表達諸行無常的佛教思想
    (C) 「此中有眞意，欲辯已忘言」，表達言不盡意、得意忘言的道家思想
    (D) 「安得廣廈千萬間，大庇天下寒士俱歡顏」，表達民胞物與的儒家思想
    (E) 「夢想三山更五湖，新從世外得眞吾」，表達放心物外、崇尙眞我的道家思想

23. 閱讀下列文字後作答：

　　凡選本，往往能比所選各家的全集更流行，更有作用。冊數不多，而包羅諸作，固然也是一種原因，但還在近則由選者的名位，遠則憑古人之威靈，讀者想從一個有名的選家，窺見許多有名作家的作品。所以《昭明太子集》只賸一點輯本了，《文選》卻在的；讀《古文辭類纂》者多，讀《惜抱軒全集》的卻少。……選本可以藉古人的文章，寓自己的意見。博覽群籍，採其合於自己意見的為一集，一法也，如《文選》是。擇取一書，刪其不合於自己意見的為一新書，又一法也，如《唐人萬首絕句選》是。……讀者的讀選本，自以為是由此得了古人文筆的精華的，殊不知卻被選者縮小了眼界，即以《文選》為例罷，沒有嵇康〈家誡〉，使讀者只覺得他是一個憤世嫉俗，好像無端活得不快活的怪人；不收陶潛〈閑情賦〉，掩去了他也是一個既取民間〈子夜歌〉意，而又拒以聖道的迂士。選本既經選者所濾過，就總只能喫他所給與的糟或醨。（魯迅〈選本〉）

依據上文，下列敘述正確的選項是：

(A)《昭明太子集》、《惜抱軒全集》、《古文辭類纂》都是全集

(B) 文中認為選集取精用宏，讀者不必詳讀全集，只要選讀好的選集即可

(C) 由文中敘述可知：〈家誡〉的內容正足以證明嵇康是個憤世嫉俗的人

(D) 文中認為選集常因編選者的任意去取，導致讀者對作家的認知偏狹而不夠全面

(E) 文中認為選集往往比全集流行，原因之一是讀者想藉由編選者的眼光閱讀歷代名作

24. 古今文化習俗中，常因忌諱不祥事物，在語言上或採避而不言的
　　方式，或不直接明言，而改以較委婉的語言來替代，如現今常以
　　「往生」代稱「死亡」。下列文句「」中的語詞，屬於上述語言
　　現象的選項是：

(A) 生孩六月，慈父「見背」

(B) 賈夫人「仙逝」揚州城／冷子興演說榮國府

(C) 南京的風俗：但凡新媳婦進門，三天就要到廚下去收拾一樣
　　菜，發個利市。這菜一定是魚，取「富貴有餘」的意思

(D) 民間俗諱，各處有之，而吳中為甚。如舟行諱住、諱翻，以
　　箸為「快（筷）兒」，以幡布為「抹布」；諱離散，以梨為
　　「圓果」

(E) 最惱人的是在他頭皮上，頗有幾處不知起於何時的癩瘡疤。
　　這雖然也在他身上，而看阿Q的意思，倒也似乎以為不足貴
　　的，因為他諱說「癩」以及一切近於「賴」的音，後來推而
　　廣之，光也諱，亮也諱，再後來，連燈、燭都諱了

第貳部分：非選擇題（佔45分）

說明： 本大題共有二題，請依各題指示作答，答案務必寫在答案卷
　　　　上，並標明題號。

一、 簡答（18％）

閱讀下列文字後作答：

孟子曰：「君子有三樂，而王天下不與存焉。父母俱存，兄弟
無故，一樂也；仰不愧於天，俯不怍於人，二樂也；得天下英
才而教育之，三樂也。君子有三樂，而王天下不與存焉。」
（《孟子‧盡心上》）

1. 孟子爲何以「父母俱存,兄弟無故」、「仰不愧於天,俯不怍於人」、「得天下英才而教育之」爲「君子三樂」?試分別簡述其意涵,文長以 150 字爲度。(佔12分)

2. 孟子爲何一再強調「王天下」不在「君子三樂」之中?試說明之,文長以 100 字爲度。(佔6分)

請注意:

(一) 第 1 題不得直接翻譯,否則扣分。

(二) 第 2 題不必重複「君子三樂」的內容。

二、作文 (27%)

人總是想飛的。飛,是一種超越,帶來心靈的自由;但也有人禁錮自我,扼殺了想飛的念頭。你是否想飛?你想飛翔在什麼樣的國度?飛帶給你什麼不一樣的感覺與改變?

試以「想飛」爲題,寫一篇結構完整的文章。敘事、抒情、議論皆無不可,文長不限。

九十五年度指定科目考試國文科試題詳解

第壹部分：選擇題

一、單選題

1. **C**

　　【解析】 (A) ㄐㄧㄝ／ㄘㄨㄛ／ㄘㄨㄛˋ

　　　　　　 (B) 一ˊ／一ˊ／ㄉㄞˋ

　　　　　　 (C) ㄅㄧㄝˊ

　　　　　　 (D) ㄢˊ／一ㄣˊ／ㄢˋ

2. **D**

　　【解析】 (A)(B)(C) 以，因也　　(D) 以，用來

　　　　　　 (A) 晉文公、秦穆公包圍鄭國，因為鄭無禮於晉，而且有貳心於楚

　　　　　　 (B) 不因外物美適、一己困阨而悲而喜。高居廟堂為官就擔憂人民生活疾苦，遠貶鄉野民間就擔憂國君施政成敗

　　　　　　 (C) 周文王遭囚而後推演周易，不因境遇窮困而不致力於著述；周公姬旦顯達而後制作周禮，不因安樂而改變著作的心志

　　　　　　 (D) 推測王先生之用意，莫非珍惜一個人的優點，縱是一技之長也不因此荒廢，因而推廣到他所留下的遺跡？大概也是想推廣其事蹟用來勉勵學習的人吧！

3. **A**

　　【解析】 (A) 煙（月）籠寒水（煙）月籠沙

4. **A**

【解析】　顫巍巍是形容竹影搖曳貌

　　　　　絮叨叨是形容促織（蟋蟀）無休歇的叫聲

　　　　　痛煞煞是形容別離的傷痛

5. **B**

【解析】　請注意劃線頂真的部份。

　　　　　這支歌聲最初曾在我的心中爆裂的闡發／丙、亦如盈

　　　　　盈的露水之綻開<u>玫瑰</u>／乙、<u>玫瑰</u>之綻開<u>黎明</u>／甲、當

　　　　　<u>黎明</u>躍起／丁、我就聽到溢滿林間的<u>呼喚</u>／戊、而這

　　　　　<u>呼喚</u>也像是跟隨著一種雷鳴而來

6. **B**

【解析】　甲、月圓、蟹肥、桂花→中秋

　　　　　乙、李花飄零→晚春

　　　　　丙、近前光晃晃的柏油路面，熱得實在看不到什麼了

　　　　　　　→盛夏酷熱之景

　　　　　丁、黃梅天→初夏四月梅月

　　　　　戊、霜月當窗→霜降乃深秋之節氣，之後就立冬了

7. **A**

【解析】　(B) 詞性雖對，平仄不對：陽－河；絲－冰；丈－片

　　　　　(C) 詞性不工整：銅雀上－清吹音

　　　　　(D) 詞性不工整：亭子－環轉

8. **A**

【解析】　(A) 由「鐘磬聲，聲聲自在……，色色皆空」可知用於

　　　　　　　寺廟

9. **C**

　【解析】 (C) 由明妃入胡，用「胡中美女多羞死」側寫昭君（明妃）之美

10. **C**

　【解析】 甲、由「秋水深淺」、「泥塗之龜」想到《莊子・秋水》：「吾聞楚有神龜，死已三千歲矣，王巾笥而藏之廟堂之上。此龜者，寧其死爲留骨而貴乎？寧其生而曳尾於塗中乎？」

　　　　　乙、由「去洗洗足／去濯濯纓」想到屈原〈漁父〉：「滄浪之水清兮可以濯我纓，滄浪之水濁兮可以濯我足」

　　　　　丙、由「生門何在，卦象平平」，判斷爲易經

11. **D**

　【解析】 青蓮居士，因李白家居四川綿州昌明縣青蓮鄉

12. **D**

　【解析】 (A) 顯現劉姥姥之自嘲、詼諧
　　　　　(B) 顯現范增之不滿、憤怒
　　　　　(C) 顯現齊王之自責、謝罪

13. **C**

　【解析】 (C) 一組瀏亮的喇叭（聽覺形象）／像一群藍色小鳥撲著翅膀（視覺形象）

14. **B**

　【解析】 (B) 「我尋求貴重的玩具，收集金塊與銀塊。」意謂我專注於金錢遊戲，遺失於名利的慾望之海

15. **D**

【解析】 漢代邊韶，字孝先，陳留浚儀人。以擅長文學出名，
收過不少學生。邊韶頭腦靈活敏捷，口才流利，有一
回，大白天他躺在床上閉目養神，門下弟子看到了，
就在背地裡嘲笑他：「邊孝先，肚子大，懶得讀書，只
想睡覺。」結果被他聽到了，立刻回答說：「邊是姓，
孝是字，肚子大是因為飽讀書籍，裝滿了五經。即使
在睡覺時，想的也是經書上的學問。睡覺時與周公夢
中相通，心靜時與孔子同意，當學生的連老師都可以
嘲笑，這是典出何處啊？」這番話使得嘲笑他的那些
弟子，心裡感到羞愧。

16. **D**

【解析】 趙襄主向王於期學習駕馭馬車，不久就同於期比賽。
他接連同於期換了三次馬，結果每次都落後了。襄主
說：「你教我駕馭，沒有盡全力。」於期說：「技術全
都教給您了，但您運用上有錯誤，駕馭車馬最重要的
是，讓馬的身體與車子盡量安定，人的注意力與馬的
動作盡量協調，而後才能行得快，跑得遠。現在您落
在後面時，想追上我，跑在前面又怕我追上。駕馭馬
比賽爭先，不是跑在前面，就是跑在後面。無論在前
在後，您的心思都放在我身上，這樣怎麼能和馬協調
起來呢？這就是您落後的原因。

17. **B**

【解析】 (A) 王大明筆，用於晚輩

(C) 提及自己的父母用家父家母

(D) 對老師，信封中路用道啟

二、多選題

18. **BDE**

【解析】(A) 閒瑕→閒暇

(C) 鍛羽而歸→鎩羽而歸

19. **BCDE**

【解析】(A) 斗膽：膽大如斗

(B) 海水不可斗量：比喻不可小看別人

(C) 斗室：形容狹小的房屋

(D) 斗筲之人：比喻器量狹小，才疏學淺的人

(E) 升斗之祿：微薄的俸祿

20. **ACE**

【解析】(A) 長江（小）／江水總稱（大）

(B) 瓦，土器已燒之總名（大）／屋瓦（小）

(C) 一葦可以航之，船的行走（小）／航海、航空、船、飛機的行走（大）

(D) 朕，我也，古代尊卑共之（大）／天子自稱曰朕（小）

(E) 果不熟為荒（小）／糧荒、水荒、石油荒等各種災荒（大）

21. **CDE**

【解析】(A) 長調慢詞始於張先、柳永，蘇軾為豪放派詞家之代表，不受格律之限制，直抒胸臆

(B) 李清照在宋室南渡後，夫趙明誠病死，後期作品呈現孤苦、飄零之悲

22. **BCDE**

【解析】 (A) 安得不死藥，高飛向蓬瀛：道家主煉丹服食以求
長生成仙之思想

23. **DE**

【解析】 (A) 古文辭類纂乃姚鼐所編之古文選集

(B) 讀者的讀選本，自以為是由此得了古人文筆的精
華的，殊不知卻被選者縮小了眼界

(C) 沒有嵇康〈家誡〉，使讀者只覺得他是一個憤世嫉
俗，好像無端活得不快活的怪人

24. **ABDE**

【解析】 (C) 雙關

第貳部分：非選擇題
一、簡答

1. ① 「父母俱存，兄弟無故」為天倫之樂，「父兮生我，母兮鞠我
…欲報之德，昊天罔極」，人子如何能忘？兄弟友于，手足情
深，同生天地，至死方休；所以說孝弟也者，乃為仁之本

② 「仰不愧於天，俯不怍於人」為修身之樂：人生貴自適，反躬
自省，無怨無尤，光明磊落，故能心廣體胖，無入而不自得

③ 「得天下英才而教育之」為傳道之樂：生命的真諦在於付出
後的回饋，在成己之後，亦能成物，達到生命的圓熟

2. 稱王天下，表面是君臨寰宇，威震八方，然而君子居易以俟命，
不假外求才是生命的鵠的。「天倫之樂，修身之樂，傳道之樂」
又豈是王天下可取而代之？己欲立而立人，己欲達而達人，所以
大學八目以修身為本，內聖而後外王，正就是「王天下」不在
「君子三樂」之中的注腳

二、作文

想　飛

　　人總是想飛的。因為想飛，齊柏林製造飛船；因為想飛，萊特兄弟發明飛機。也許飛船與飛機在現代人眼中看起來稀鬆平常，但對老祖宗而言，卻是遙不可及的夢想。而齊柏林與萊特兄弟，正是堅持這樣「想飛」的夢想，掙脫世俗的桎梏，終將人類的科技推進一大步。只要我們想飛，一定能實現夢想！

　　建立一個跨國大企業幾歲開始才不會太晚？柯勞克發現麥當勞兄弟做的漢堡和薯條大有可為時，已經五十二歲，不僅年過半百，而且渾身是病：患有糖尿病、關節炎，甚至還動過甲狀腺手術。但是他認為：「我還年輕，還會成長，我的心可以飛得比飛機還要高！」就是這樣想飛的信念，讓他對夢想仍保有二十歲青少年的熱情。在他五十二歲才起步的事業，到他七十六歲那一年，已經成為總收益超過十億美金的跨國企業，這就是我們所熟知的麥當勞。許多成功的背後，往往源自於一個遭人訕笑的夢想，但只要我們願意擺脫牢籠，讓思緒翻飛在無限可能的國度，一定能成就不同凡響的大夢想！

　　高中時，我獲得了台灣區國際科展生化組第一名，取得赴美參展資格。在展覽會中，我看見了世界各地的菁英薈萃！我看見了，他們醉心於學習的殿堂，作品直逼碩博士級論文水準；我看見了，他們對素未謀面的我們溫暖寒暄，關心你過得好不好；我看見了，他們的思想緊扣住時代的脈動，為世界準備好自己！這讓我升起了「有為者亦若是」的雄心，我願如大鵬鳥般展翅高飛，其翼，若垂天之雲。我的視野不再侷限於考試和學校的世界，而飛越到課本以外的天空。我告訴自己：將來一定要為台灣做點什麼事情，讓台灣在國際舞台上發光發熱，讓所有生長於這塊土地上的人都能覺得身為台灣人，好驕傲！

　　李安不顧眾人反對在影劇界耕耘，終於飛越世俗的限制，拿到中國人第一座奧斯卡。美國詩人蘭格斯頓說：「緊抓住夢想，因為如果夢想逝去，生命就像一隻折翼的鳥，無法飛行。」我相信，如果青少年都能有如李安般的想飛的夢想，並緊握夢想，台灣一定能在世界舞台上嶄露鋒芒！

例題：

◆ 文章續寫

　　請書寫一段文字，第一句話必須是例句一，最後一句話必需是例句二，二句之間則可以自由發揮，但整段文字必須具有完整的結構與意義。文長不限。

例句一：是人沒有不想飛的
例句二：飛。人們原來都是會飛的【90 年大考中心學測參考試題】

◇範文◇

　　是人沒有不想飛的。看著代人傳情的信鴿，看著自在翱翔的老鷹，我們常慨嘆著：為什麼自己身上沒有一對自由自在的翅膀？可以以白雲為枕，藍天為床；可以俯瞰無限廣闊的大地。雖然我們的肉體被囚禁在地面上，但這份想望卻是可以無限超脫的！我們可以編織理想，盡力生活，讓心靈飛向自由，飛向巔峰而嘗到飄飄欲仙的喜悅；我們可以秉燭談心，讓思緒翻飛在古今中外，穿越時空的桎梏，徜徉在心靈相通的無邊天地。只要有心，精神定能隨著熾熱的心，飛向夢的彼岸。飛，人們原來都是會飛的。

九十五學年度指定科目考試（國文）
大考中心公佈答案

題　號	答　　案	題　號	答　　案
1	C	16	D
2	D	17	B
3	A	18	BDE
4	A	19	BCDE
5	B	20	ACE
6	B	21	CDE
7	A	22	BCDE
8	A	23	DE
9	C	24	ABDE
10	C		
11	D		
12	D		
13	C		
14	B		
15	D		

九十五學年度指定科目考試
各科成績標準一覽表

科　目	頂　標	前　標	均　標	後　標	底　標
國　文	67	61	52	43	35
英　文	67	51	28	13	7
數學甲	62	50	35	20	12
數學乙	88	78	56	32	19
化　學	71	59	41	25	16
物　理	54	39	22	12	6
生　物	71	60	44	30	22
歷　史	56	49	40	29	20
地　理	60	52	40	29	20

※ 以上五項標準係依各該科全體到考考生成績計算，且均取整數（小數只捨不入），各標準計算方式如下：

頂標：成績位於第 88 百分位數之考生成績。
前標：成績位於第 75 百分位數之考生成績。
均標：成績位於第 50 百分位數之考生成績。
後標：成績位於第 25 百分位數之考生成績。
底標：成績位於第 12 百分位數之考生成績。

九十四年大學入學指定科目考試試題
國文考科

第壹部分：選擇題（佔 55 分）

一、單選題（34％）

說明：第 1 至第 17 題，每題選出一個最適當的選項，畫記在答案卡
　　　之「選擇題答案區」。每題答對得 2 分，答錯或畫記多於一
　　　個選項者倒扣 2/3 分，倒扣至本大題之實得分數零分為止。
　　　未作答者，不給分亦不扣分。

1. 下列各選項中，「」內字音三者全同的是：
   (A) 神「僊」眷侶／緣「慳」一面／「緘」默以對
   (B) 視如「瑰」寶／「睢」盱相望／「跬」步不休
   (C) 打通經「絡」／暗行賄「賂」／「犖」犖大者
   (D) 雨「霽」天青／黍「稷」稻粱／按圖索「驥」

2. 下列文句中的「幸」字，意義與其他選項不同的是：
   (A) （張）良曰：始臣起下邳，與上會留，此天以臣授陛下，陛
   　　下用臣計，「幸」而時中；臣願封留足矣，不敢當三萬戶
   (B) 四年之間，奔走不暇，未知明年又在何處，豈懼竹樓之易朽
   　　乎？「幸」後之人與我同志，嗣而葺之，庶斯樓之不朽也
   (C) （周）瑜曰：先生之言，甚合吾意。但今軍中正缺箭用，敢
   　　煩先生監造十萬枝箭，以為應敵之具。此係公事，先生「幸」
   　　勿推卻
   (D) 當此時，彭越數反梁地，絕楚糧食。項王患之，為高俎，置
   　　太公其上，告漢王曰：今不急下，吾烹太公。漢王曰：吾與
   　　項羽俱北面受命懷王，曰：約為兄弟。吾翁即若翁；必欲烹
   　　而翁，則「幸」分我一杯羹

3. 下列文句「」內的兩個字，是由動詞並列組成一個詞組的選項是：
　(A) 博聞彊志，明于「治亂」，嫻于辭令
　(B) 公子聞所在，乃「間步」往，從此兩人游，甚歡
　(C) 人情有所不能忍者，匹夫「見辱」，拔劍而起，挺身而鬥，此不足爲勇也
　(D) 獨韓愈奮不顧流俗，犯笑侮，收召後學，作〈師說〉，因抗顏而爲師。世果群怪聚罵，「指目」牽引，而增與爲言辭

4. 古人言談、行文常使用「謙詞」，以示自我謙抑。下列文句「」內的詞語，屬於謙詞的選項是：
　(A) 句踐之困於會稽而歸，「臣妾」於吳者，三年而不倦
　(B) 若舍鄭以爲「東道主」，行李之往來，共其乏困，君亦無所害
　(C) 今南方已定，兵甲已足，當獎率三軍，北定中原，庶竭「駑鈍」，攘除姦凶，興復漢室，還于舊都
　(D) （孟嘗君）謝曰：文倦於事，憒於憂，而性懧愚，沉於國家之事，開罪於先生。先生「不羞」，乃有意欲爲收責於薛乎

5. 甲、有個美國友人來信說：孩子幼小時 □ 在你腳尖上，長大了 □ 在你心尖上。（琦君《桂花雨‧媽媽，給你快樂》）
　乙、秋陽似酒，雖稍嫌辛辣，卻已是老炭文火，靜靜 □ 著他的世界。他的世界在這秋日的午後，慢慢 □ 熟。（劉大任〈秋陽似酒〉）
　丙、米亞屋裡 □ 滿百香果又酸又甜的蜜味，像金紅色火山岩漿 □ 出窗縫、門縫，從陽臺電梯流瀉直下灌滿寓樓。（朱天文〈世紀末的華麗〉）
　上引各文，前後兩個 □ 都是動詞，並且是相同的字。根據各文文意，依序最適合填入 □ 內的選項是：
　(A) 立／烘／飄　　　　(B) 踮／燜／浮
　(C) 繫／烤／漲　　　　(D) 踩／燉／溢

6. 下列文字，依文意排列，順序最恰當的選項是：

「看哪，這樣的雲彩和天色！

甲、過一會你才明白

乙、宇宙的深處乃在這山狀雲彩的邊緣及狹灣處—純潔與秩序的
　　至高無上之象徵

丙、黑暗的柔軟的只是雲彩

丁、其實，宇宙的神祕與深度不是雲彩與黑暗可以表現出來的

戊、第一眼你可能會認為黑暗處就是深的地方

深度只有在光明、寧靜的地方才能找到。」（赫塞《玻璃珠遊戲》）

(A) 乙戊甲丁丙　　　　　(B) 乙丙戊甲丁

(C) 戊甲丙乙丁　　　　　(D) 丙戊丁甲乙

7. 閱讀下列現代詩後作答：

「打開自己珍藏的詩稿　發現只有無題詩三首／一首我拿起來
一口一口吃下／一首拿給妻　為冬日的生活點火／另一首　我
想，只有寄給你」（落蒂〈淒涼〉）

有關本詩，解讀不當的選項是：

(A)「自己珍藏的詩稿」，指的是詩人自己所寫的詩作

(B)「一首我拿起來　一口一口吃下」，意指詩人稱許此詩充滿
　　滋味，耐人咀嚼

(C)「一首拿給妻　為冬日的生活點火」，意指詩人有時亦不得
　　不為應付現實生活而低頭

(D)「另一首　我想，只有寄給你」，在「我想」之後特別加一逗
　　點，音節略有停頓，更可見下句的「你」應是詩人心目中極
　　重要的一個人

8. 閱讀下列文字後作答：

孔子明王道，干七十餘君，莫能用，故西觀周室，論史記舊聞，
興於魯而次《春秋》。上記隱（公），下至哀（公）之獲麟。……

七十子之徒，口受其傳指，爲有所刺譏褒諱抑損之文辭，不可以書見也。魯君子左丘明，懼弟子人人異端，各安其意，失其眞，故因孔子史記，具論其語，成《左氏春秋》。（《史記・十二諸侯年表・序》）

根據上述《史記》文字，下列敘述，正確的選項是：

(A) 據上下文意，司馬遷認爲《左氏春秋》無法闡釋《春秋經》的旨意

(B) 文中「論史記舊聞」的「史記」，泛指古代史書；「孔子史記」則指《春秋》

(C) 「人人異端」的「異端」，意同《論語》中孔子所說「攻乎異端，斯害也已」的「異端」

(D) 文中「爲有所刺譏褒諱抑損之文辭，不可以書見也」，可用以說明孔子「述而不作」的觀念

9. 中國語文基於形、音、義的種種特質，形成別具美感的對仗聯句。下列不符對聯條件的選項是：

(A) 風自涼經松越峭；月原明映水逾清

(B) 非關因果方爲善；不計科名始讀書

(C) 海納百川，有容乃大；壁立千仞，無欲則剛

(D) 韓侯一將壇，諸葛三分漢；功名紙半張，富貴十年限

10. 下列七言詩作，依內容判讀，分類不當的選項是：

(A) 柳花深巷午雞聲，桑葉尖新綠未成。坐睡覺來無一事，滿窗晴日看蠶生——屬田園詩

(B) 洞房昨夜停紅燭，待曉堂前拜舅姑。妝罷低聲問夫婿，畫眉深淺入時無——屬閨怨詩

(C) 烽火城西百尺樓，黃昏獨坐海風秋。更吹羌笛關山月，無那金閨萬里愁——屬邊塞詩

(D) 千里鶯啼綠映紅，水村山郭酒旗風。南朝四百八十寺，多少樓臺煙雨中——屬詠史詩

11. 中國古典詩歌有一種「竹枝詞」，其格律寬鬆自由，用語淺近自然，內容多描寫民間風土或男女豔情，富於民歌情調；唐以後的竹枝詞且多以七言四句為定式。

依據以上敘述，試判讀下列選項何者<u>並非</u>竹枝詞：

(A) 山桃紅花滿上頭，蜀江春水拍山流。花紅易衰似郎意，水流無限似儂愁

(B) 滿天梅雨近端陽，竹葉隔宵裹粽忙。一朵榴花兩枝艾，大家兒女學新妝

(C) 春水初添新店溪，溪流停蓄綠玻璃。香魚上釣剛三寸，斗酒雙柑去聽鸝

(D) 無事經年別遠公，帝城鐘曉憶西峰。爐煙銷盡寒燈晦，童子開門雪滿松

12. 以下為兩首元曲：

甲、楚霸王，漢高皇，龍爭虎鬥幾戰場。爭弱爭強，天喪天亡，成敗豈尋常？一個福相催先到咸陽，一個命將衰自刎烏江。江山空寂寞，宮殿久荒涼。君試詳，都一枕夢黃粱。
（馬謙齋〈塞兒令・楚漢遺事〉）

乙、登樓北望思王粲，高臥東山憶_____，悶來長鋏為誰彈？當年射虎，將軍何在？冷淒淒霜凌古岸。（張可久〈賣花聲・客況〉）

下列敘述，<u>錯誤</u>的選項是：

(A) 甲之「都一枕夢黃粱」，用「南柯一夢」的典故

(B) 乙之「高臥東山」，所憶的對象是謝安

(C) 乙之「悶來長鋏為誰彈」，用「馮諼客孟嘗君」的典故

(D) 乙之「射虎將軍」，指漢代名將李廣

13. 民間故事、古典小說往往歌頌浪漫的愛情故事。下列有關人物、情節的敘述，正確的選項是：
    (A) 《薛丁山征西》敘述大唐公主樊梨花才貌雙全，以拋繡球的方式招薛丁山將軍爲駙馬
    (B) 「梁祝故事」敘述梁山伯、祝英台由同窗結爲夫妻，卻因家長反對而被迫離異，雙雙殉情化蝶
    (C) 《白蛇傳》敘述蛇精白素貞化爲美女，下嫁許仙，後與法海和尚鬥法，水漫金山寺，遂遭囚禁於雷峰塔下
    (D) 《紅樓夢》敘述賈寶玉與表妹林黛玉眞心相愛，卻因王熙鳳、薛寶釵兩人聯手施計，挑撥離間，致使寶、黛情海生變，黛玉終憂憤成疾，香消玉殞，寶玉則看破紅塵，修道成仙

14-15爲題組

　　閱讀下列文字後，回答14-15題。

　　順治間，滕、嶧之區，十人而七盜，官不敢捕。後受撫，邑宰別之爲「盜戶」。凡値與良民爭，則曲意左袒之，蓋恐其復叛也。後訟者輒冒稱盜戶，而怨家則力攻其僞，每兩造具陳，曲直且置不辨，而先以盜之眞僞，反復相訐，煩有司稽籍焉。適官署多狐，宰有女爲所惑，聘術士來，符捉入瓶，將熾以火。狐在瓶內大呼曰：「我盜戶也！」聞者無不匿笑。（《聊齋志異・盜戶》）

14. 下列敘述，符合文中內涵與旨意的選項是：
    (A) 對盜戶的招安優撫，實即反映出官府的腐敗昏聵
    (B) 官府對爭訟的雙方，一定問明是非曲直，以示公正無私
    (C) 文中以盜戶形容狐爲虎作倀，脅迫官府，魅惑良民的景況
    (D) 盜戶因爲想取得訴訟勝算，因此在訴訟時，多先陳上戶籍證明

15. 狐被捉後大呼「我盜戶也！」聞者無不匿笑，原因是：
    (A) 懼損官府威嚴，不敢公然恥笑
    (B) 狐鋌而走險，淪為盜戶，令人竊笑
    (C) 狐想冒用盜戶之名，取得寬恕，令人啼笑皆非
    (D) 官府聘術士捉狐燒狐，流於怪力亂神，聞者哭笑不得

16-17為題組

閱讀下列文字後，回答16-17題。

甲、王太尉不與庾子嵩交，庾卿之不置。王曰：「君不得為
　　爾！」庾曰：「卿自君我，我自卿卿；我用我法，卿
　　自用卿法。」（《世說新語·方正》）

乙、王安豐婦，常卿安豐。安豐曰：「婦人卿婿，於禮為不
　　敬，後勿復爾！」婦曰：「親卿愛卿，是以卿卿；我不
　　卿卿，誰當卿卿？」遂恆聽之。（《世說新語·惑溺》）

16. 根據上引兩段文字，下列敘述，錯誤的選項是：
    (A) 甲、乙兩段文字中，作為動詞用的「卿」字共有7個
    (B) 「庾卿之不置」的「卿」和「卿自君我」的「君」字，詞性
        不同
    (C) 文中所有「卿卿」的第一個「卿」字都是動詞，第二個「卿」
        字都是名詞
    (D) 「庾卿之不置」的「之」字和「誰當卿卿」的第二個「卿」
        字，都當賓語（受詞）用

17. 由上引兩段文字內容判斷，下列敘述，正確的選項是：
    (A) 魏晉時期稱呼對方為「卿」，是一種下對上或卑對尊的敬稱
    (B) 庾子嵩因為王太尉敬稱他為「君」，故堅持稱呼王太尉為
        「卿」

(C) 《世說新語》將乙段文字置於〈惑溺〉篇，反映當時人對女性堅持自我主張的不以爲然

(D) 王太尉對庾子嵩稱他爲「卿」一事的態度，和王安豐對妻子稱他爲「卿」的態度相同，都由反對轉爲接受

二、多選題（21%）

說明：第 18 至第 24 題，每題各有五個選項，其中至少有一個是正確的。選出正確選項，畫記在答案卡之「選擇題答案區」。每題 3 分，各選項獨立計分，每答對一個選項，可得 0.6 分，每答錯一個選項，倒扣 0.6 分，完全答對得 3 分，整題未作答者，不給分亦不扣分。在選項外畫記者，一律倒扣 0.6 分。倒扣至本大題之實得分數零分爲止。

18. 下列文句，完全沒有錯別字的選項是：

(A) 金庸的武俠小說，人物鮮活，情節玄疑緊張，讓讀者愛不釋手

(B) 暴雨過後，家園頓成澤國，舉目所見，一片狼藉，令人怵目驚心

(C) 恬不知恥的政客，在輿論沸騰的批評下，依然裝模作樣，我行我素

(D) 老李見大夥兒使出渾身解數展現最佳歌喉，便也不甘勢弱上臺飆歌

(E) 王小姐習慣以嬌揉造作、忸怩作態的方式待人，讓人摸不透她的眞面目

19. 「題辭」是一種精簡的應用文，用精鍊的文句，題寫在匾額、條幅、書冊、錦旗等物品之上，用以表達慶賀、頌揚、勉勵、哀悼、紀念之意。下列題辭，敘述正確的選項是：

(A) 「關雎誌喜」適用於賀新婚

(B) 「高山仰止」適用於賀女壽

(C) 「齒德俱尊」適用於賀升官

(D) 「天喪斯文」適用於輓學者

(E) 「貨殖流芳」適用於輓政界

20. 古今語詞的意義，有時會從正面或中性轉變為負面的意義，如杜甫詩「搖落深知宋玉悲，風流儒雅亦吾師」，詩中的「風流」和現在戲稱人「老風流」的用法，意義已由正面轉為負面。下列文句「」內古今語詞意義也是如此轉變的選項是：

(A) 士生斯時，無他事業，精神「技倆」，悉見於詩／老陳的「技倆」早已為人看穿，無人相信了

(B) 日中則昃，月盈則食，天地盈虛，與時「消息」／近年來天災人禍不斷，所聞盡是令人沮喪的壞「消息」

(C) 主稱會面難，一舉累十觴。十觴亦不醉，感子「故意」長／弟弟頑劣成性，每次師長說話，他都「故意」唱反調

(D) 後自知非，「變節」從學，鄉賦擢第，累遷至御史／對日抗戰時，那些向日本「變節」投降的人，後來都遭到嚴厲的譴責

(E) 四方行教者，技藝悉精，並諸殺法，名曰「打手」；苟招而致之，不唯能戰，並可教戰／一位武藝高強的師父，竟然淪為黑社會「打手」

21. 現代文學名家輩出，下列相關敘述，正確的選項是：

    (A) 朱自清、徐志摩齊名，兩人均以浪漫而穠麗的文風著稱

    (B) 魯迅雜文具強烈批判性，剖析人情世故、社會百態，率皆
    銳利而深刻

    (C) 余光中詩、文兼擅，感性、知性兼具，其作品均重意象經
    營、句法錘鍊，表現鮮明的藝術匠心

    (D) 梁實秋學識博雅，會通中西，其散文小品多取材日常事物，
    文筆詼諧幽默，尤以《雅舍小品》聞名於世

    (E) 林文月兼擅散文與翻譯，其散文題材多元，要皆文筆細膩，
    情感內斂，常於平凡事物中展現自然美好的人間情味，平淡
    中饒富理趣

22. 下列關於文學常識的敘述，正確的選項是：

    (A) 「傳奇」本指情節曲折離奇的唐代文言短篇小說，〈虬髯客
    傳〉即其代表作

    (B) 「行」、「歌行」均為樂府詩體式，佚名〈飲馬長城窟行〉、
    白居易〈琵琶行〉皆屬之

    (C) 「書」可用於下對上，如李斯〈諫逐客書〉；亦可用於平輩
    之間，如白居易〈與元微之書〉

    (D) 「賦」盛行於兩漢，歷魏晉、隋唐，至宋而不衰；其中宋賦
    受古文影響，傾向散文化，蘇軾〈赤壁賦〉即其代表作

    (E) 唐宋以來，「記」體文學迭有名篇，或抒寫山水名勝，或描
    寫特定名物，不一而足。范仲淹〈岳陽樓記〉、歐陽脩〈醉
    翁亭記〉即屬前者；柳宗元〈始得西山宴遊記〉、袁宏道
    〈晚遊六橋待月記〉則屬後者

23. 古人用干支紀年，以十天干依次配上十二地支，組合成以六十爲
　　周期的紀年方式，稱爲一甲子。十二地支又可對應十二生肖的紀
　　年法；也用來表示一天的十二個時辰，如卯時即上午五至七點。
　　下列有關干支的敘述，正確的選項是：
　　(A) 若去年爲甲申年，則明年爲丙亥年
　　(B) 子時是夜裡凌晨零點至兩點，所以通常稱爲「子夜」
　　(C) 民國前一年（1911）爲辛亥年，則民國六十年亦爲辛亥年
　　(D) 午時是上午十一點至下午一點，「正午時分」指中午十二點
　　(E) 韓愈生於唐代宗大曆三年（戊申年），歐陽脩生於北宋眞宗
　　　　景德四年（丁未年），可知韓愈生肖屬猴，歐陽脩屬羊

24. 臺灣與原住民有關的現代詩作品，往往因呈現原住民的神話傳說
　　與精神意蘊而獨具特色。下列詩歌表現出上述特色的選項是：
　　(A) 孩子，給你一個名字。／要永遠記得祖先的勇猛，／像每一
　　　　個獵首歸來的勇士，／你的名字將有一橫黥面的印記
　　(B) 喊人，人不見／喊鬼，鬼不見／旋地轉天的暈眩，大風砂裡
　　　　／磚石一塊接一塊／一塊接一塊磚石在迸裂／搖撼比戰國更
　　　　大的黑影／壓下來，壓向我獨撐的血臂
　　(C) 山崖高得難以仰望／植物們靜靜地倒掛／中午的陽光一絲絲
　　　　透入／遠處以雲灌漑的森林／沈沈地如含一份洪荒的雨量／
　　　　蔭影像掩飾一個缺陷／把我們駐紮著文明的帳篷掩蔽
　　(D) 百步蛇偷走了我的項鍊和歌聲／我要越過山頭向他要回來／
　　　　但媽媽，你看／他把我的項鍊拆碎，丟向溪谷／成爲一整夜
　　　　流動的星光／他把我的歌聲壓縮成一顆眼淚／滴在黑夜雉
　　　　沈默的尾羽
　　(E) 用赤膊／和裸體的太陽／一起半蹲下來／往上跳又向下頓步
　　　　／把影子踏扁踏進土裡／濺起泥濘和灰塵／然後像飛魚穿過
　　　　海浪叉開的手指／他們腳板後翻例如尾鰭／然後像山豬／紅
　　　　眼裂牙咬向邪靈／他們手握拳頭哼哼著前進

第貳部分：非選擇題 (佔 45 分)

說明：本大題共有二題，請依各題指示作答，答案務必寫在答案卷
上，並標明題號（一、二）。

一、簡答 (9％)

閱讀下列文字後作答：

子之武城，聞弦歌之聲，夫子莞爾而笑曰：「割雞焉用牛刀？」
子游對曰：「昔者，偃也聞諸夫子曰：『君子學道則愛人，小
人學道則易使也。』」子曰：「二三子！偃之言是也，前言戲
之。」（《論語·陽貨》）

1. 根據上文語境，「君子」、「小人」、「道」三個名詞所指的
   對象、內容為何？（3分）

2. 孔子起初「莞爾而笑」說：「割雞焉用牛刀」，後來又說：「前
   言戲之耳」。請扼要說明孔子前後反應不同的原因，以及子游回
   答的意涵所在。文長以150字為度。（6分）

二、作文 (36％)

家，對許多人而言，不止是身體的休憩處，也是心靈的歸
依所。我們每天乃至於一生，不斷的在離家與回家的歷程中，
構築出一天以至於一生的故事。一般人離家後總不免有回家的
企盼，但也有人視回家為畏途，甚或無家可歸。回家對每個人
而言，往往存在著不同的意義。

試以「回家」為題，寫一篇首尾具足、結構完整的文章。
敘事、抒情、議論皆無不可，文長不限。

九十四年度指定科目考試國文科試題詳解

第壹部分：選擇題

一、單選題

1. **D**

　　【解析】 (A) ㄒㄧㄢ／ㄑㄧㄢ／ㄐㄧㄢ

　　　　　　 (B) ㄍㄨㄟ／ㄒㄧ（ㄑㄧˊ）／ㄎㄨㄟˇ

　　　　　　 (C) ㄉㄨㄛˋ／ㄉㄨˋ／ㄉㄨㄛˋ

　　　　　　 (D) ㄐㄧˋ

2. **A**

　　【解析】 (A) 僥倖

　　　　　　 (B) (C) (D) 皆為希望之意

3. **D**

　　【解析】 (A)「治亂」為名詞並列組成

　　　　　　 (B)「閒步」為副詞、動詞結構

　　　　　　 (C)「見辱」為副詞、動詞結構

4. **C**

　　【解析】 (A)「臣妾」於吳者：作為臣妾

　　　　　　 (B)「東道主」：東方路程上的主人

　　　　　　 (C)「駑鈍」：以「駑馬、鈍刀」自謙

　　　　　　 (D)「不羞」：不以為可恥

5. **D**

【解析】　由甲詩的動作判斷，以「立、踩」為宜；由乙詩的
「老炭文火」判斷，以「燜、燉」為宜；再由丙詩
「火山岩漿□出窗縫、門縫」來看，當是溢滿較為
恰當，故選 (D)。

6. **C**

【解析】　由文意的邏輯來判讀，注意畫線部分：「看哪，這樣
的雲彩和天色！　戊、<u>第一眼</u>你可能會認為<u>黑暗處就
是深的地方</u>　甲、<u>過一會</u>你才明白　丙、<u>黑暗的柔軟的
只是雲彩</u>　乙、宇宙的深處<u>乃在</u>這山狀雲彩的邊緣及
狹灣處─純潔與秩序的至高無上之象徵　丁、<u>其實</u>，
宇宙的神祕與深度<u>不是</u>雲彩與黑暗可以表現出來的
深度<u>只有在</u>光明、寧靜的地方才能找到。」

7. **B**

【解析】　因本詩題目為「淒涼」，故「一首我拿起來　一口一口
吃下」有心事往腹內吞之意，而 (B) 選項言「詩人稱許
此詩充滿滋味，耐人咀嚼」顯然與詩題牴觸。

8. **B**

【解析】　(A) 司馬遷認為「左丘明懼（孔門）弟子人人異端，
各安其意，失其真，故因孔子史記，具論其語，
成《左氏春秋》。」故《左氏春秋》乃為闡釋
《春秋經》而作
(C) 不同的見解／違背正道的邪說
(D) 說明孔子「微言大義」的觀念

9. **D**

【解析】 對聯以仄放平收爲原則，富貴十年限的「限」爲仄聲；
且雙句對以一、三句，二、四句相對爲宜。

10. **B**

【解析】 此乃朱慶餘〈近試上張水部〉之作，乃應試呈主考官
以求青睞之詩。

11. **D**

【解析】 (A) 寫男女豔情。

(B) 寫民間風土。

(C) 用語淺近自然；

而 (D) 選項不符以上條件。

12. **A**

【解析】 「黃粱一夢」用沈既濟〈枕中記〉、「南柯一夢」用
李公佐〈南柯太守記〉的典故，不可混爲一談。

13. **C**

【解析】 (A) 樊梨花爲唐西涼國寒江關守將之女，非大唐公主。

(B) 梁、祝並未結爲夫妻，因家長反對未能結爲連理。

(D) 寶玉則看破紅塵，落髮爲僧。

<u>14-15爲題組</u>

14. **A**

15. **C**

【語譯】　順治年間，滕、嶧二地，百姓十人中有七人為盜，官
　　　　　吏不敢捉拿。後來盜匪接受安撫，地方官區隔這些人
　　　　　稱之為『盜戶』。舉凡遇到與良民相爭，就刻意偏袒
　　　　　這些盜戶，唯恐這些人再造反。致使訴訟中被告的人
　　　　　往往冒稱盜戶，而提起告訴的人則力斥對方造假，當
　　　　　雙方詳盡陳述，是非對錯姑且放下不論，卻先拿盜戶
　　　　　之真假，反復詰問，勞煩官員求證簿籍。正巧官署狐
　　　　　多為患，邑宰之女為狐所惑，招術士來，以符咒捉狐
　　　　　入瓶，將用火燒之。狐在瓶內大喊：『我盜戶也！』
　　　　　聞者無不竊笑。

16-17為題組

16. **B**

17. **C**

【語譯】　甲、王太尉不與庾子嵩交往，庾執意用卿來稱王太尉。
　　　　　　　王曰：「你不可如此稱我！」庾曰：「你儘管用
　　　　　　　君稱我，我儘管用卿來稱你；我用自己的稱法，
　　　　　　　你用你自己的稱法。
　　　　　乙、王安豐的夫人，經常用卿來稱安豐。安豐曰：
　　　　　　　「婦人稱夫婿為卿，在禮法上是不敬的，以後不
　　　　　　　要再如此稱我！」婦曰：「我親近你、愛你，所
　　　　　　　以用卿來稱呼你；我不用卿來稱你，誰又該用卿
　　　　　　　來稱你呢？」於是就接受其稱法。

二、多選題

18. **BC**

　　【解析】　(A)　「玄」疑緊張：懸。

　　　　　　　(D)　不甘「勢」弱：示。

　　　　　　　(E)　「嬌」揉造作：矯。

19. **AD**

　　【解析】　(B)　輓男喪。

　　　　　　　(C)　賀男壽。

　　　　　　　(E)　輓商界。

20. **ADE**

　　【解析】　(B)　榮枯盛衰互相交替／音訊。

　　　　　　　(C)　舊情／存心蓄意。

21. **BCDE**

　　【解析】　(A)　徐志摩文風浪漫而穠麗，朱自清則不然。

22. **ABCD**

　　【解析】　(E)　二者相反。

23. **CDE**

　　【解析】　(A)　明年為「丙戌」年。

　　　　　　　(B)　子時為夜裡十一時至凌晨一時。

24. **ADE**

　　【解析】(A) 由「獵首歸來的勇士」與「黥面的印記」判斷。

　　　　　　(D) 由「百步蛇」與「尾雉」判斷。

　　　　　　(E) 由「飛魚」、「山豬」與「邪靈」判斷。

第貳部分：非選擇題

一、簡答

　　【解析】1. 「君子」指在位者；「小人」指平民；「道」指禮樂
　　　　　　　　教化

　　　　　　2. 孔子說「割雞焉用牛刀」乃惋惜子游大才小用；
　　　　　　　　「莞爾而笑」，則欣喜子游能以禮樂治理城邦。
　　　　　　　　子游不解老師之意，特別強調己之所為乃在於施
　　　　　　　　行老師所傳授的禮樂之教，並無不當。所以孔子
　　　　　　　　後來加上一句「前言戲之耳」，可見孔門師生相
　　　　　　　　處之道。

二、作文

　　【說明】根據大考中心國文科閱卷召集人表示：文題生活化，
　　　　　　考生都有親身體驗，所以文不對題的文章比較少。
　　　　　　只要內容豐富、情感真實、又有自己感受的文章，
　　　　　　可以得 A；只是進行生活歸納，文彩也一般的文章，
　　　　　　能得到 B；意思含糊，文字不清楚，加上表達不清楚
　　　　　　的文章，則得 C。而考生寫得比較好的文章，是寫要
　　　　　　建構棲身的地方容易，但要使人能回去、想回去，就
　　　　　　要用心力、時間經營。

九十四學年度指定科目考試（國文）

大考中心公佈答案

題　號	答　　案	題　號	答　　案
1	D	16	B
2	A	17	C
3	D	18	BC
4	C	19	AD
5	D	20	ADE
6	C	21	BCDE
7	B	22	ABCD
8	B	23	CDE
9	D	24	ADE
10	B		
11	D		
12	A		
13	C		
14	A		
15	C		

九十四學年度指定科目考試
各科成績標準一覽表

科　　目	頂　標	前　標	均　標	後　標	底　標
國　　文	60	53	44	34	27
英　　文	69	55	34	16	8
數學甲	59	47	32	19	11
數學乙	61	46	25	10	4
化　　學	76	59	34	15	8
物　　理	57	41	23	12	6
生　　物	71	59	44	31	22
歷　　史	56	48	35	22	13
地　　理	55	47	36	25	18

※ 以上五項標準係依各該科全體到考考生成績計算，且均取整數（小數只捨不入），各標準計算方式如下：

頂標：成績位於第 88 百分位數之考生成績。

前標：成績位於第 75 百分位數之考生成績。

均標：成績位於第 50 百分位數之考生成績。

後標：成績位於第 25 百分位數之考生成績。

底標：成績位於第 12 百分位數之考生成績。

九十三年大學入學指定科目考試試題
國文考科

第壹部分：選擇題（佔67分）

一、單選題（佔40分）

說明：第 1 題至第 20 題，每題選出一個最適當的選項，劃記在答案卡
之「選擇題答案區」。每題答對得 2 分，答錯或劃記多於一個
選項者倒扣 2/3 分，倒扣至本大題之實得分數零分為止。未作
答者，不給分亦不扣分。

1. 請為下列連環漫畫，選出最適合概括其要旨的成語：

    (A) 相輔相成　　　　　　　　　(B) 自相矛盾
    (C) 脣亡齒寒　　　　　　　　　(D) 敝帚自珍

2. 下列文句□內最適合填入的詞語是：
語言的美不在一個一個句子，而在句與句之間的關係。包世臣論王
羲之字，看來參差不齊，但如老翁攜帶幼孫，□□□□，痛癢相
關。好的語言正當如此。（董橋〈老翁帶幼孫閒步庭院〉）
    (A) 顧盼有情　　　　　　　　　(B) 前呼後擁
    (C) 黃髮垂髫　　　　　　　　　(D) 舐犢情深

3. 下列是一段古文，請依文意選出排列順序最恰當的選項：
「始皇初欲逐客，　　　　　　　(甲)則以客為無用，
(乙)於是任法而不任人，　　　　(丙)既幷天下，
(丁)用李斯之言而止，　　　　　謂民可以恃法而治。」（《志林》）
    (A) 丙甲乙丁　　　　　　　　　(B) 丙乙甲丁
    (C) 丁乙丙甲　　　　　　　　　(D) 丁丙甲乙

4. 白先勇改編湯顯祖《牡丹亭》搬上舞台，是近期藝文界的盛事。《牡丹亭》向以辭藻優美、情致深婉著稱，下列《牡丹亭》的文句，運用景物對比手法，藉春色難留寓託青春易逝的選項是：

(A) 閒凝眄，生生燕語明如翦，嚦嚦鶯歌溜的圓

(B) 雨絲風片，煙波畫船，錦屏人忒看的這韶光賤

(C) 遍青山啼紅了杜鵑，荼蘼外煙絲醉軟，春香呵，牡丹雖好，他春歸怎占的先

(D) 原來，姹紫嫣紅開遍，似這般都付與斷井頹垣。良辰美景奈何天，賞心樂事誰家院

5. 下圖是「第八號當鋪」中的四個保險箱，箱上的文句，不依順序暗指「桂」、「桃」、「菊」、「李」四類。若你想贖回先前典當的友情，條件是必須正確打開存放友情的「桃」類保險箱，你應打開的是：

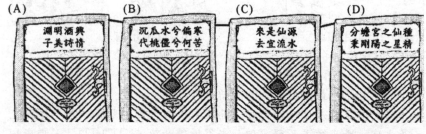

6. 閱讀下文，判斷選項中最能表現「松樹」體態的書體是：

古來松柏並稱，而體態不同。譬之書法，柏樹挺拔莊重，松樹夭矯迴旋。泰山上頗有一些奇松，透石穿罅，崩迸而出，頑根宛如牙根，緊咬著岌岌的絕壁，翠針叢叢簇簇，密鱗與濃鬣蔽空，黛柯則槎枒輪囷，能屈能伸，淋漓恣肆，氣勢奔放。(改寫自余光中〈山東甘旅〉)

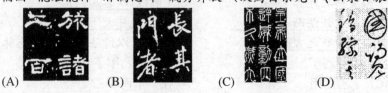

7. 范仲淹〈岳陽樓記〉:「不以物喜,不以己悲。居廟堂之高,則憂
其民;處江湖之遠,則憂其君。是進亦憂,退亦憂。然則何時而樂
耶?其必曰:『先天下之憂而憂,後天下之樂而樂。』」這種生命
情懷與任事態度,與下列人物哪一位最為接近?
(A) 伊尹　　　　(B) 伯夷　　　　(C) 莊子　　　　(D) 柳下惠

8. 閱讀下文,判斷文中「艾子復進曰」的用意是:
齊宣王問艾子曰:「吾聞古有獬豸,何物也?」艾子對曰:「堯之
時,有神獸曰獬豸,處廷中,辨群臣之邪辟者觸而食之。」艾子對
已,復進曰:「使今有此獸,料不乞食矣。」(《艾子雜說》)
(A) 譏刺齊王迷信神怪　　　(B) 嘲諷齊國奸佞當道
(C) 肯定官吏盡是賢良　　　(D) 感慨律令弛廢已久

9. 下列文句,語言表述合乎邏輯的選項是:
(A) 第一名目前已經領先好幾公里,遙遙落後的選手只能望其項背
(B) 長途旅行雖然辛苦,但過後只要好好補充睡眠,很快就能消除
疲勞
(C) 這次資訊展推出的最新機種MX800均已售罄,存量有限,欲購
從速
(D) 一道瀑布,自半山間傾瀉而下,飛珠濺玉,煙聲瀰漫,真是巧
奪天工

10. 下列有關應用文語彙的敘述,正確的選項是:
(A) 祝賀女子七十大壽,題辭可用「花開甲子」
(B) 祝賀男子八十大壽,題辭可用「斗山安仰」
(C) 為表示對收信人的敬重,信封的啓封辭宜用「敬啓」
(D) 訃文中,父逝而母健在者稱「孤子」,母逝而父健在者稱
「哀子」

11-12為題組

閱讀下文，回答11-12題：

家住西秦，賭博藝隨身。花柳上，鬥尖新。偶學念奴聲調，有時高過行雲。蜀錦纏頭無數，不負辛勤。數年來往咸京道，殘杯冷炙漫消魂。衷腸事，托何人？若有知音見採，不辭徧唱〈陽春〉。一曲當筵落淚，重掩羅巾。（晏殊〈山亭柳・贈歌者〉）

11. 下列文句的解釋，正確的選項是：
    (A) 「賭博藝隨身」：擅長賭博，喜歡隨處與人較量
    (B) 「花柳上，鬥尖新」：歌舞技藝走在流行的尖端
    (C) 「蜀錦纏頭無數」：嫁入豪門，衣食侈靡，揮霍無度
    (D) 「殘杯冷炙漫消魂」：回歸平淡，殘羹冷飯也甘之如飴

12. 詞中「歌者」的遭遇，與下列何者最接近？
    (A) 白居易〈琵琶行〉的琵琶女
    (B) 馬致遠《漢宮秋》的王昭君
    (C) 曹雪芹《紅樓夢》的林黛玉
    (D) 劉鶚《老殘遊記》的白妞

13-14為題組

有某學術著作，書前「目錄」有右列框內七項論題，請閱讀後回答13-14題：

甲、孟軻論「人有四端」	乙、荀況論「禮治」
丙、董仲舒論「春秋大義」	丁、韓愈的「排斥佛老」
戊、程頤論「格物窮理」	己、朱熹論「存天理，去人欲」
庚、王守仁的「致良知」	

13. 依據目錄推測，該書最可能在介紹：
    (A) 儒學思想
    (B) 政治思想
    (C) 區域文化
    (D) 文學批評

14. 下列經典，與戊、己、庚三者所討論的課題，關係最疏遠的選項是：
    (A) 《孟子》
    (B) 《荀子》
    (C) 《春秋》
    (D) 《中庸》、《大學》

15-17為題組

下列【甲】【乙】是《水滸傳》的不同版本文字，均敘述「武松佯裝喝下孫二娘下過蒙汗藥的酒」後的情況，閱讀後回答15-17題。

【甲】	【乙】
武松也把眼來虛閉緊了，撲地仰倒在凳邊，那婦人笑道：「著了！由你奸似鬼，吃了老娘的洗腳水。」便叫：「小二，小三，快出來！」只見裡面跳出兩個蠢漢來，先把兩個公人扛了進去。這婦人便來桌上提武松的包裹並公人的纏袋，捏一捏看，約莫裡面是些金銀，那婦人歡喜道：「<u>今日得這三頭行貨，倒有好兩日饅頭賣，又得這若干東西！</u>」把包裹、纏袋提了入去，卻出來看這兩個漢子扛抬武松，那裡扛得動？……那婦人看了，見這兩個蠢漢拖扯不動，在一邊喝道：「你這鳥男女，只會吃飯吃酒，全沒些用，直要老娘親自動手！這個鳥大漢卻也會戲弄老娘，這等肥胖，好做黃牛肉賣；那兩個瘦蠻子，只好做水牛肉賣。扛進去，先開剝這廝！」	武松也雙眼緊閉，撲地仰倒在凳邊，只聽得笑道：「著了！由你奸似鬼，吃了老娘的洗腳水。」便叫：「小二，小三，快出來！」只聽得飛奔出兩個蠢漢來，聽他把兩個公人先扛了進去。這婦人便來桌上提那包裹並公人的纏袋，想是捏一捏，約莫裡面已是金銀，只聽得她大笑道：「<u>今日得這三頭行貨，倒有好兩日饅頭賣，又得這若干東西！</u>」聽得把包裹、纏袋提入去了，隨聽她出來看這兩個漢子扛抬武松，那裡扛得動？……只聽得婦人喝道：「你這鳥男女，只會吃飯吃酒，全沒些用，直要老娘親自動手！這個鳥大漢卻也會戲弄老娘，這等肥胖，好做黃牛肉賣；那兩個瘦蠻子，只好做水牛肉賣。扛進去，先開剝這廝用！」

15. 【甲】和【乙】共同出現的人物有幾人？
    (A) 5人　　　(B) 6人　　　(C) 7人　　　(D) 8人

16. 孫二娘說：「今日得這三頭行貨，倒有好兩日饅頭賣」，意謂：
    (A) 可搶劫武松的錢來開饅頭店
    (B) 可用武松等人的肉做饅頭餡
    (C) 可強迫武松等人替她賣饅頭
    (D) 可叫武松等人殺牛做饅頭餡

17. 若【乙】是【甲】的修改版，【乙】的改動主要在：
    (A) 刪除冗贅文句，減輕閱讀負荷
    (B) 讓孫二娘由謀財者變害命者，擴大情節起伏
    (C) 增添「老娘」、「鳥男女」、「鳥大漢」等詞，以襯托孫二娘
        的粗鄙與兇狠
    (D) 將武松對週遭的了解，改為由「聽」、「想」而得，以符合雙
        眼緊閉的狀態

18-20為題組

閱讀下文，回答18-20題：

　　1859年倫敦街頭春意盎然。清晨的書店門口，許多人正排隊購
買查理‧達爾文剛出版的新書——《物種起源》。

　　1831年，達爾文因教授推薦，登上英國海軍「貝格爾號」，隨
艦記錄沿途看到的自然現象。這次的航行歷時五年，除了蒐集到很
多動植物標本，達爾文最大的收穫還是思想上的。那時他隨身帶了
兩本書，一是《聖經》，一是賴爾《地質學原理》。達爾文原本相
信《聖經》的說法，認為形形色色的生物都由上帝創造，物種是不
變的。但隨著考察結果的增加，物種變異的事實使他對「神造萬物」
產生懷疑。後來他閱讀賴爾的《地質學原理》，該書論證了地層年
代愈久遠，現代生物與其遠古原形之間的差異就愈大，因此，他逐
漸相信物種是不斷變化的。

　　回國後,達爾文向育種家和園藝家們請教,認真研究動植物在家養條件下的變異情況,並得出結論:具有不同特徵的動、植物品種可能源於共同的祖先,它們在人工干涉下,可逐漸形成人們需要的品種,此即人工選擇。但自然界的新物種又是如何形成?這個問題始終在他腦海縈繞。1838年,達爾文偶然讀到馬爾薩斯的《人口論》,書中提到:任何動物的繁殖速度, 都大於它們食物的增長速度,於是部分動物在生存競爭中死亡,動物與它們的食物遂達到新的平衡。這個論點給達爾文很大的啟示,他想到自然環境就是這樣選擇生物,生物通過生存競爭,適者生存,因此不停進化,是為自然選擇。

　　1842年6月,達爾文寫出一份只有35頁的生物進化論提綱。1844年,他將這份提綱擴充為231頁的概要,但未立即發表,直到1858年,才在學術會議上公開他的生物進化論。達爾文的學說提出後,最大的反對者是當時的宗教界,因為此說否定上帝創造物種,動搖神學基礎。但也有許多科學家表示支持,例如赫胥黎首先把進化論用來追溯人類的祖先,推測人類是由人猿變來的;海克爾則利用進化論,提出最早的動植物進化系統樹,並標明人類來源與人種分佈。
(改寫自《科學的故事》)

18. 上文旨在說明:
(A) 《物種起源》暢銷的原因　　(B) 達爾文的家世與生平
(C) 生物進化論的形成與影響　　(D) 人工選擇與自然選擇的差異

19. 上文所提各人物的研究成果,可依先後排出傳承關係。下列排序,正確的選項是:
(A) 賴爾——海克爾——達爾文
(B) 馬爾薩斯——達爾文——赫胥黎
(C) 赫胥黎——賴爾——達爾文
(D) 海克爾——達爾文——馬爾薩斯

20. 根據上文，達爾文《物種起源》的論證<u>不可能</u>包括哪個論點？
    (A) 對生物有利的變異，可藉由遺傳保存和累積
    (B) 自然選擇與人工選擇，皆可產生動、植物的新品種
    (C) 在生存競爭中，不利的變異被保留，有利的變異被淘汰
    (D) 相似的生物緣於一個共同祖先，生活條件改變則造成物種變異

二、多選題（佔 27 分）

說明：第 21 題至第 29 題，每題各有五個選項，其中至少有一個是正確的。選出正確選項，劃記在答案卡之「選擇題答案區」。每題 3 分，各選項獨立計分，每答對一個選項，可得 0.6 分，每答錯一個選項，倒扣 0.6 分，完全答對得 3 分，整題未作答者，不給分亦不扣分。在選項外劃記者，一律倒扣 0.6 分。倒扣至本大題之實得分數零分為止。

21. 古代「度量衡」分別指長度、容量、重量。下列文句「」內的詞，與「衡」相關的選項是：
    (A) 故舍汝而旅食京師，以求「斗斛」之祿
    (B) 吾力足以舉「百鈞」，而不足以舉一羽
    (C) 「觥籌」交錯，起坐而諠譁者，眾賓懽也
    (D) 「一兩」銀子，也沒聽見個響聲兒就沒了
    (E) 吾入關，「秋毫」不敢有所近，籍吏民，封府庫，而待將軍

22. 「氣」的原始字形作「气」，畫的是雲氣升騰的樣子。古人相信宇宙萬物皆由「氣」所構成，「氣」也因此成為涵意豐富的詞。下列敘述，正確的選項是：
    (A) 「氣」可指人的身體或精神狀態，如《論語》：「及其老也，血氣既衰，戒之在得」
    (B) 「氣」可指冷熱溫度的變化，如柳宗元〈始得西山宴遊記〉：「悠悠乎與顥氣俱，而莫得其涯」

(C) 「氣」可指人展現於外的性格或態度,如蘇軾〈留侯論〉:「故深折其少年剛銳之氣,使之忍小忿而就大謀」

(D) 「氣」在哲學上可指人應具有的正直道義,如《孟子》:「其為氣也,至大至剛,以直養而無害,則塞於天地之間」

(E) 「氣」在文學上可指因作者才性所顯現的語文氣勢,如曹丕〈典論論文〉:「文以氣為主,氣之清濁有體,不可力強而致,雖在父兄,不能以移子弟」

23. 下列文句「」內成語使用正確的選項是:
(A) 這些問題對他而言太簡單了,他「不假思索」就能正確回答
(B) 那顆鑽石竟被你看成是玻璃!你可真是有眼無珠、「目不識丁」啊
(C) 大丈夫做事應當開大門走大路,何以總是「行不由徑」,偏好旁門左道
(D) 那根本不是他的錯,你卻「不由分說」就把他痛罵一頓,教他怎能不生氣
(E) 王先生常投書報紙,針砭時事,但卻從來未見登載,篇篇成了「不刊之論」

24. 下引文章中的某、足下、去、願、見五個詞,各與下列選項「」內相同的字詞比較,意義相同的選項是:
孔明笑曰:「雲長勿怪!某本欲煩足下把一個最緊要的隘口,怎奈有些違礙,不敢教去。」雲長曰:「有何違礙?願即見諭。」
(A) 虬髯曰:計李郎之程,「某」日方到,到之明日,可與一妹同詣某坊曲小宅相訪
(B) 微之,微之,不見「足下」面已三年矣,不得足下書欲二年矣
(C) 是君臣、父子、兄弟「去」利懷仁義以相接也,然而不王者,未之有也
(D) 「願」陛下託臣以討賊興復之效,不效,則治臣之罪
(E) 臣以險釁,夙遭閔凶,生孩六月,慈父「見」背

25. 在「黃鶴一去不復返」句中,「黃鶴」是主語,「一去不復返」是謂語。但詩詞中也有前句一整句做主語、後句做謂語的情形,例如「孤舟簑笠翁,獨釣寒江雪」。下列詩詞句,屬於此一構句方式的選項是:
    (A) 少年見羅敷,脫帽著帩頭
    (B) 舊時王謝堂前燕,飛入尋常百姓家
    (C) 星垂平野闊,月湧大江流
    (D) 當時共我賞花人,點檢如今無一半
    (E) 多少六朝興廢事,盡入漁樵閒話

26. 霹靂布袋戲常藉詩句介紹人物的特徵,如「素還真」是:「半神半聖亦半仙,全儒全道是全賢。腦中真書藏萬卷,掌握文武半邊天」。這種做法,可溯自元雜劇的人物上場詩。下列上場詩,適合介紹「貪邪狡詐之徒」的選項是:
    (A) 我做將軍有志分,上陣使條齊眉棍。別人殺的軍敗了,我揀前頭打贏陣
    (B) 人道公門不可入,我道公門好修行。若將曲直無顛倒,腳底蓮花步步生
    (C) 皆言桃李屬春官,偏我門牆另一般。何必文章出人上,單要金銀滿秤盤
    (D) 三尺龍泉萬卷書,老天生我竟何如。山東宰相山西將,彼丈夫兮我丈夫
    (E) 別人笑我做奸臣,我做奸臣笑別人。我須死後纔還報,他在生前早喪身

27. 張潮《幽夢影》:「少年讀書,如隙中窺月;中年讀書,如庭中望月;老年讀書,如臺上玩月。皆以閱歷之淺深,為所得之淺深耳。」上文以「隙中窺月 → 庭中望月 → 臺上玩月」,比喻讀書有層次進境。儒家論及進德修業,也常提出一套程序或層次,下列選項所列舉的情況,具有程序或層次關係的是:

(A) 知之 → 好之 → 樂之

(B) 親親 → 仁民 → 愛物

(C) 定 → 靜 → 安 → 慮 → 得

(D) 知者不惑 → 仁者不憂 → 勇者不懼

(E) 不惑 → 知天命 → 耳順 → 從心所欲，不踰矩

28. 運用昆蟲的特性形成借代或譬喻，是漢語常見的表達方式。例如古人認為螟蠃養螟蛉為己子，因此稱「養子」為「螟蛉子」。下列敘述，正確的選項是：

(A) 「蜉蝣」壽命極短，故以「寄蜉蝣於天地」比喻人生短暫

(B) 「螳螂」前足強健，狀如鐮刀，故以「螳臂當車」比喻銳不可當

(C) 「蚍蜉」是螞蟻，力量弱小，故以「蚍蜉撼樹」比喻小兵立大功

(D) 「蜩螗」是蟬，鳴聲響亮，「國事蜩螗」即以蟬鳴喧天比喻國運昌盛

(E) 「蜻蜓」在飛行中反覆以尾部貼水產卵，古人視為其特有的飛行方式，故以「蜻蜓點水」比喻浮學不精或點到即止

29. 下列是某位考生針對「韻文」所做的歸納整理，其中正確的選項是：

(A) 襯字：古詩、近體詩沒有襯字，散曲有襯字

(B) 對仗：古詩不一定要有，近體詩則一定要有

(C) 押韻：賦可以頻頻換韻，近體詩通常一韻到底

(D) 每句字數：古詩是四言，近體詩是五言或七言

(E) 句內平仄：近體詩、詞都講究，賦、散曲不講究

第貳部分：非選擇題（佔33分）

說明：本部分共兩大題，請依各題指示作答，答案務必寫在「答案卷」上，並標明（一、二）。

一、改寫國字與改錯（佔6分）

甲、請將下文「」內注音所代表的國字依序寫出：

這家全市「ㄕㄡˇ」屆一指的海鮮餐廳，其受歡迎的程度，從用餐時間民眾大排長龍即可見一「ㄅㄢ」。當一道道美食送上餐桌，濃「ㄩˋ」的香氣不禁令人「ㄕˊ」指大動。老闆說，他每天都親自挑選最新鮮的食材，並交「ㄉㄞˋ」廚房師傅用心烹調，「ㄅㄧˋ」竟要維持口碑並不是一件容易的事。

乙、下列短文共有 6 個錯別字，請依例題方式，將錯別字挑出並予以更正。(例題：集思廣義。「義」→「益」。)

「你難道沒看見魔王索倫攻勢伶俐，前線守軍已經嚇得不省人事了！你居然還在講『人不自私，天諸地滅』的鬼話！」「不然能怎麼辦？」「我不像你，只會在這兒一愁莫展。我願意率領敢死隊，出奇不意的中途攔截」「好！姑且讓你放手一搏；若有閃失，絕不寬代！」

二、作文（佔27分）

請以「偶像」為題，寫一篇文章，文長不限。

「偶像」可以是「仰慕的對象」，也可以是「學習的典範」等等。你可以針對這個文化現象，提出理性的思辨；也可以敘述你模仿、追逐歷史人物、身邊長輩、各行各業精英或故事中角色的經驗；敘議兼具，也未嘗不可；但務必建立屬於自己的、首尾連貫的脈絡。

九十三年度指定科目考試國文科試題詳解

第壹部分：選擇題

一、單選題

1. **A**

   【解析】 關鍵在「非弓，何以往矢（射箭）？非矢，何以中的（射中標靶）？」所以概括其要旨的成語選 (A) 相輔相成。「自相矛盾」乃自己的言行前後不相應；「唇亡齒寒」喻彼此關係密切，不可分離；「敝帚自珍」形容不見己失，自珍所有。

2. **A**

   【解析】 好的語言在句與句之間的關係，「王羲之字看來參差不齊，但如老翁帶幼孫，□□□□，痛癢相關」，選 (A) 顧盼有情，方能使前後句產生關係。

3. **D**

   【解析】 「始皇初欲逐客，<u>(丁)用李斯之言而止</u>，<u>(丙)既并天下</u>，<u>(甲)則以客為無用</u>，<u>(乙)於是任法而不任人</u>，謂民可以恃法而治。」李斯諫逐客書一文乃各版本共同選文，所以由首句選出第二句為(丁)當無困難；末句「恃法而治」，故前句為(乙)「任法而不任人」；再加上語意轉折「初……既……則……於是……」不難判斷。

4. **D**

   【解析】 選項均出自牡丹亭第十齣「驚夢」，寫杜麗娘在婢女春香的慫恿下，第一次看見真正的春天，也第一次發現

自己的生命和春天是一樣的美麗，而春色難留青春易逝，不過只有 (D)「原來姹紫嫣紅開遍，似這般都付與斷井頹垣」運用景物對比手法來呈現。

5. **C**

　　【解析】(A) 陶潛飲酒之五「採菊東籬下」，杜甫秋興「叢菊兩開他日淚」— 菊

　　　　　　(B) 浮李沉瓜，李代桃僵 — 李

　　　　　　(C)「春來遍是桃花水，不辨仙源何處尋」— 桃

　　　　　　(D)「蟾宮」，月宮，「蟾宮風散桂飄香」— 桂

6. **D**

　　【解析】「松樹夭矯迴旋………能屈能伸，淋漓恣肆，氣勢奔放」所以最能表現「松樹」體態的書體是 (D) 草書，而非 (A) 隸書 (B) 楷書 (C) 小篆，如柏樹挺拔莊重。

7. **A**

　　【解析】岳陽樓記一文，范仲淹以天下蒼生為念，這種生命情懷與任事態度與 (A) 伊尹「自任以天下之重」— 聖之任者最為接近。而伯夷 — 聖之清者，柳下惠 — 聖之和者，莊子 — 安時處順，逍遙自適，故不選。

8. **B**

　　【解析】「獬豸能辨群臣之邪辟者，觸而食之，使今有此獸，料不乞食。」嘲諷滿朝奸佞，食之不盡，故選 (B)。

9. **B**

　　【解析】(A)「望其項背」乃相去不遠，遙遙落後的選手相距好幾公里，是望不到的。

(C) 「均已售罄」，如何能「存量有限」？

(D) 「巧奪天工」意謂人工的精巧勝過天然，而瀑布美景渾然天成，所以不可用以形容。

10. **D**

【解析】 (A) 「甲子」，六十年。

(B) 「斗山安仰」爲哀悼輓辭。

(C) 信封中路啓封語是請收信人開啓信封的敬語，怎能要對方「敬啓」？

11. **B**

【解析】 (A) 歌者隨身廣博的才藝可與人競賽。

(C) 歌藝受到歡迎，獲贈無數的蜀錦纏頭。

(D) 境遇不復往昔，落寞冷清。

12. **A**

【解析】 歌者今昔的對比，與琵琶女「五陵年少爭纏頭，一曲紅綃不知數……秋月春風等閒度……門前冷落車馬稀……夜深忽夢少年事，夢啼妝淚紅闌干」遭遇最接近。

13. **A**

【解析】 孟荀乃儒家思想二大支柱，董「獨尊儒術」，韓發揚聖人之學，程、朱、王則爲宋明理學新儒家之代表，所以該書最可能在介紹儒學思想。

14. **C**

【解析】 宋明理學談心性、論天理，孟子言性善，荀子云性惡，中庸爲孔門傳授心法之書，惟春秋乃孔子據魯史所修，褒善貶惡，故與之關係最疏遠。

15. **B**

　【解析】 武松、婦人、小二、小三、兩個公人，共6人。

16. **B**

　【解析】 孫二娘黑店用人肉做饅頭餡，引文最後不是說：「扛進去，先開剝這廝！」

17. **D**

　【解析】 甲、「把眼來虛閉緊了…那婦人笑道…只見裡面跳出兩個蠢漢來…捏一捏看…把包裹、纏袋提了入去，卻出來看…」

　　　　 乙、「雙眼緊閉…只聽得笑道…只聽得飛奔出兩個蠢漢來…想是捏一捏…聽得把包裹、纏袋提入去了，隨聽她出來看…」

　　　　 上下對照，答案顯而易見。

18. **C**

19. **B**

20. **C**

　【解析】 閱讀題組有一做答技巧，先看題目問什麼再細究引文，才不致於茫無頭緒，浪費時間。

二、多選題

21. **BD**

　【解析】 (A)「斗斛」是容量。

　　　　 (C)「觥籌」，觥是酒杯，籌是行酒令用以計數的用具。

　　　　 (E)「秋毫」形容極其細微的東西。

22. **ACDE**

　　【解析】 (B) 「顥氣」，大氣，泛指天地自然，非冷熱溫度的變化。

23. **AD**

　　【解析】 (B) 「目不識丁」，形容一個字也不認識。

　　　　　　 (C) 「行不由徑」，乃走路不抄小徑，喻為人正直。

　　　　　　 (E) 「不刊之論」是不能更改或磨滅的言論。

24. **BDE**

　　【解析】 (A) 某：我，自稱之詞／指不確定或不明說的人地時
　　　　　　　　　 事物。

　　　　　　 (B) 足下：用於對同輩的敬辭。

　　　　　　 (C) 去：前往/除去。

　　　　　　 (D) 願：表希望。

　　　　　　 (E) 見：表「我」之稱代。

25. **BDE**

　　【解析】 題幹要求前句一整句做主語，而(A)(C)前一句就已然不
　　　　　　 符合。

26. **ACE**

　　【解析】 (B) 是非分明，公正無私。

　　　　　　 (D) 有為者亦若是。

27. **ABCE**

　　【解析】 (D) 知、仁、勇乃並列關係，屬排比。

28. **AE**

【解析】 (B) 喻不自量力。

(C) 喻不自量力。

(D) 喻國事紛擾。

29. **AC**

【解析】 (B) 近體詩只有律詩中間兩聯一定要對。

(D) 古詩以五、七言為主，間有雜言。

(E) 駢賦要求對偶，甚而講究平仄；曲有曲牌，有一定格律。

第貳部分：非選擇題

一、改寫國字與改錯

甲、

【解析】 「首」屈一指、可見一「斑」、濃「郁」、「食」指、交「代」、「畢」竟。

乙、

【解析】 攻勢「凌厲」、天「誅」地滅、一「籌」莫展、出「其」不意、寬「貸」。

二、作文

【說明】 「偶像」一題可敘可議，敘述不難發揮，但要言之有物，那麼，切入理性的思辨是思考的方向，總之，「務必建立屬於自己的、首尾連貫的脈絡」。現今作文，語文表達以看清題目，配合要求為首要之務，其次通順暢達，如能適切徵引，則情采兼備，所謂佳作，雖不中亦不遠矣！

九十三學年度指定科目考試（國文）

大考中心公佈答案

題　號	答　　案	題　號	答　　案
1	A	16	B
2	A	17	D
3	D	18	C
4	D	19	B
5	C	20	C
6	D	21	BD
7	A	22	ACDE
8	B	23	AD
9	B	24	BDE
10	D	25	BDE
11	B	26	ACE
12	A	27	ABCE
13	A	28	AE
14	C	29	AC
15	B		

九十三學年度指定科目考試
各科成績標準一覽表

科　目	頂　標	前　標	均　標	後　標	底　標
國　文	73	67	58	47	39
英　文	58	44	27	15	9
數學甲	66	50	30	18	10
數學乙	65	50	32	19	12
化　學	66	51	30	15	7
物　理	75	59	35	19	12
生　物	80	71	57	43	33
歷　史	49	41	30	19	12
地　理	60	52	42	30	21

※ 以上五項標準係依各該科全體到考考生成績計算，且均取整數（小數只捨不入），各標準計算方式如下：

　頂標：成績位於第 88 百分位數之考生成績。

　前標：成績位於第 75 百分位數之考生成績。

　均標：成績位於第 50 百分位數之考生成績。

　後標：成績位於第 25 百分位數之考生成績。

　底標：成績位於第 12 百分位數之考生成績。

九十二年大學入學指定科目考試試題
國文考科

第一部分：選擇題（佔 70 ％）

壹、單一選擇題（佔 34 ％）

說明：第 1 題至第 17 題，每題選出一個最適當的選項，標示在答案卡上。每題答對得 2 分，答錯倒扣 2/3 分，倒扣到本大題之實得分數為零為止。未作答者，不給分亦不扣分。

1. 下引詩句，都有季節景物的描寫，若依春夏秋冬時序排列，正確的選項是：

 甲、接天蓮葉無窮碧，映日荷花別樣紅。
 乙、忽見陌頭楊柳色，悔教夫婿覓封侯。
 丙、寒蟬聒梧桐，日夕長悲鳴。
 丁、荷盡已無擎雨蓋，菊殘猶有傲霜枝。

 (A) 乙甲丙丁　　　　　　　　　(B) 甲乙丙丁
 (C) 丙丁甲乙　　　　　　　　　(D) 丁丙甲乙

2. 閱讀下列兩段現代散文，選出適合的詞語填入□中：

 甲、且聽聽這個無風無雨無陽光的午後，一樹樹蟬聲在東在西在南在北，放肆著縱橫上下的交織，聲調如複雜的管絃，和無孔不入的□□。（蕭白〈長夏聲聲〉）

 乙、霧來的日子，山變成一座座的列嶼，在白煙的橫波迴瀾裏，□□□□。……起風的日子，一切雲雲霧霧的朦朧氳氳全被□□，水光山色，纖毫悉在鏡裏。（余光中〈沙田山居〉）

 (A) 奔流／忽高忽低／驅散　　　(B) 飄揚／若隱若現／晾乾
 (C) 潑瀉／載浮載沉／拭淨　　　(D) 喧鳴／隨波逐流／掃盪

3. 下圖為某搜尋引擎的查詢記錄，若點選這三個檢索詞，則所搜尋出的文獻資料，最可能的交集對象是：

最近查詢記錄3筆 • 清虛以自守 • 卑弱以自持 • 與時遷移，應物變化
查詢

(A) 孔子、孟子　　　　　　　(B) 老子、莊子

(C) 屈原、賈誼　　　　　　　(D) 韓愈、柳宗元

4. 下列詩句，與「安得身如芳草多，相隨千里車前綠」的送別情懷最相近的選項是：

(A) 勸君更進一杯酒，西出陽關無故人

(B) 請君試問東流水，別意與之誰短長

(C) 莫愁前路無知己，天下誰人不識君

(D) 唯有相思似春色，江南江北送君歸

5. 下列文章中，依文意推敲，『＿＿＿＿』內最適合填入的句子是：

微之！古人云：『＿＿＿＿』僕雖不肖，常師此語。大丈夫所守者道，所待者時。時之來也，為雲龍，為風鵬，勃然突然，陳力以出。時之不來也，為霧豹，為冥鴻，寂兮寥兮，奉身而退。進退出處，何往而不自得哉？（白居易〈與元九書〉）

(A) 仕而優則學，學而優則仕。

(B) 工欲善其事，必先利其器。

(C) 古之學者為己，今之學者為人。

(D) 窮則獨善其身，達則兼善天下。

6. 崔豹《古今注》：「〈箜篌引〉者，朝鮮津卒霍里子高妻麗玉所作也。子高晨起，刺船而濯。有一白首狂夫，被髮提壺，亂流而渡，其妻隨而止之，不及，遂墮河水死；於是援箜篌而鼓之，作『＿＿＿＿』之歌，聲甚悽愴，曲終，自投河而死。……麗玉傷之，乃引箜篌而寫其聲，聞者莫不墮淚飲泣焉。」上文『＿＿＿＿』中的歌辭，即是現存漢代樂府〈箜篌引〉，它以短短十六個字敘述了一個完整的情節。請選出排列順序最恰當的選項：

甲、墮河而死　　乙、公無渡河　　丙、當奈公何　　丁、公竟渡河

(A) 乙丙丁甲　　(B) 甲丙乙丁　　(C) 乙丁甲丙　　(D) 甲丁丙乙

7. 下引文章是一段古代寓言，「＿＿＿＿」內是「楊子」與「鄰人」的對話，若按故事情節將(甲)、(乙)、(丙)、(丁)四句話依序填入，何者最恰當？

楊子之鄰人亡羊，既率其黨，又請楊子之豎追之。楊子曰：「嘻！亡一羊，何追者之眾？」鄰人曰：「＿＿＿＿」既反，問：「＿＿＿＿」曰：「＿＿＿＿」曰：「＿＿＿＿」曰：「歧路之中又有歧焉，吾不知所之，所以反也。」(《列子‧說符》)

（甲）多歧路。　　　　　　　　　（乙）奚亡之？

（丙）亡之矣。　　　　　　　　　（丁）獲羊乎？

(A) 甲；乙；丙；丁　　　　　(B) 甲；丁；丙；乙

(C) 丙；乙；甲；丁　　　　　(D) 丙；丁；乙；甲

8. 王實甫《西廂記》：「恨相見得遲，怨歸去得疾。柳絲長玉驄難繫，恨不得倩疏林挂住斜暉。」其中「恨不得倩疏林挂住斜暉」所表達的情感是：

(A) 懊悔年少蹉跎，白首無成　　　(B) 憂心時間已晚，不及動身

(C) 渴望時光停留，多作相聚　　　(D) 慨嘆相見恨晚，造化弄人

9. 下列八句為一首平起七律，試依格律及句意，選出最適當的排列
　方式：

甲、世事茫茫難自料　　　乙、今日花開又一年

丙、春愁黯黯獨成眠　　　丁、身多疾病思田里

戊、邑有流亡愧俸錢　　　己、去年花裏逢君別

庚、西樓望月幾回圓　　　辛、聞道欲來相問訊

（韋應物〈寄李儋元錫〉）

(A) 甲己庚乙丁戊辛丙　　　(B) 己乙甲丙丁戊辛庚

(C) 戊乙丙甲辛己庚丁　　　(D) 戊己辛乙甲丁庚丙

10. 某次國文課，老師希望學生們參考下列資料，在李白、杜甫的作品
　中尋找可以和文中「大」與「重」的領悟相印證的詩句，則(A)(B)
　(C)(D)四位學生所提出的詩句，何者最不符合？

中國的藝術總是說「重、大、拙」三原則，我總是覺得相反。……
但詩讀久了逐漸領悟到：李白的「大」，杜甫的「重」、陶潛的「拙」，
我才對重、大、拙略有領悟。（陳之藩〈把酒論詩〉）

(A) 李白：「相攜及田家，童稚開荊扉。綠竹入幽徑，青蘿拂行衣」

(B) 杜甫：「國破山河在，城春草木深。感時花濺淚，恨別鳥驚心」

(C) 李白：「天台四萬八千丈，對此欲倒東南傾。我欲因之夢吳越，
　　　一夜飛度鏡湖月」

(D) 杜甫：「萬里悲秋常作客，百年多病獨登臺。艱難苦恨繁霜鬢，
　　　潦倒新停濁酒杯」

11. 先秦各家對於伯夷的看法，可以反映其學說立場。閱讀下列甲、乙、丙三家的言論後，推斷他們分別屬於那一家？

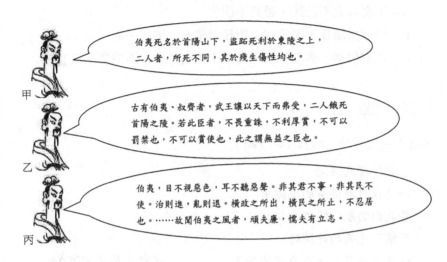

甲　伯夷死名於首陽山下，盜跖死利於東陵之上，二人者，所死不同，其於殘生傷性均也。

乙　古有伯夷、叔齊者，武王讓以天下而弗受，二人餓死首陽之陵。若此臣者，不畏重誅，不利厚賞，不可以罰禁也，不可以賞使也，此之謂無益之臣也。

丙　伯夷，目不視惡色，耳不聽惡聲。非其君不事，非其民不使。治則進，亂則退。橫政之所出，橫民之所止，不忍居也。……故聞伯夷之風者，頑夫廉，懦夫有立志。

(A) 甲是道家，乙是法家，丙是儒家
(B) 甲是道家，乙是儒家，丙是法家
(C) 甲是法家，乙是道家，丙是儒家
(D) 甲是法家，乙是儒家，丙是道家

12-13 為題組

依據以下所引古文，回答 12-13 題：

　　（唐）太宗令封德彝舉賢，久無所舉。上詰之，對曰：「非不盡心，但於今未有奇才耳。」上曰：「君子用人如器，各取所長。古之致治者，豈借才於異代乎？正患己不能知，安可誣一世之人？」

12. 依據內容研判，這段文字最可能出現在：
(A) 《昭明文選》　　　　　(B) 《世說新語》
(C) 《資治通鑑》　　　　　(D) 《人間詞話》

13. 唐太宗對封德彝的告誡，正可以說明：

(A) 君子不器

(B) 不患人之不己知，患其不能也

(C) 舉直錯諸枉，則民服；舉枉錯諸直，則民不服

(D) 世有伯樂，然後有千里馬；千里馬常有，而伯樂不常有

14-15 為題組

依據下引現代詩，回答 14-15 題：

　　當海洋瘦成河流

　　而站在日漸近密的風波中

　　當我們的船只能彼此相覷

　　而望不見天的遼闊時

　　這河也無異於一口憂深的井了　　　　（許常德〈公寓〉）

14. 詩以「船」的「彼此相覷」來比喻公寓：

(A) 外觀千篇一律　　　　　　　(B) 房舍擁擠貼近

(C) 住戶間守望相助　　　　　　(D) 鄰居相見不相識

15. 詩以「海」→「河」→「井」層遞的方式為喻，頗富深意，下列的理解，何者不正確？

(A) 「海洋瘦成河」比喻人們的活動空間因為公寓林立而變得狹窄

(B) 「河無異於井」比喻居住空間的壓縮，對人們的胸懷視野造成負面影響

(C) 詩人認為人們原本應該「海闊天空」，可惜公寓建築使人們「坐井觀天」

(D) 公寓「河海不擇細流」的特性，使「離鄉背井」的外地人得以在都市棲身

16-17 為題組

依據下列詩詞，回答 16-17 題：

甲、昔人已乘黃鶴去，此地空餘黃鶴樓。黃鶴一去不復返，白雲千
　　載空悠悠。晴川歷歷漢陽樹，芳草萋萋鸚鵡洲。日暮鄉關何處
　　是？煙波江上使人愁。(崔顥〈黃鶴樓〉)

乙、遙望中原，荒煙外、許多城郭。想當年、花遮柳護，鳳樓龍閣。
　　萬歲山前珠翠繞，蓬壺殿裡笙歌作。到而今、鐵騎滿郊畿，風
　　塵惡。　兵安在，膏鋒鍔。民安在，填溝壑。歎江山如故，千
　　村寥落。何日請纓提銳旅，一鞭直渡清河洛。卻歸來、再續漢
　　陽遊，騎黃鶴。(岳飛〈滿江紅‧登黃鶴樓有感〉)

16. 下列關於甲詩、乙詞意涵的敘述，正確的選項是：
　　(A) 甲詩抒發遊子思鄉的情懷
　　(B) 乙詞感慨黃鶴樓今非昔比
　　(C) 二者都充溢著對古人的追慕
　　(D) 二者都流露了飄泊天涯的孤寂

17. 下列關於甲詩、乙詞作法的敘述，正確的選項是：
　　(A) 甲詩後四句的空間呈現由遠而近，以人影微渺呼應篇首的
　　　　情境
　　(B) 乙詞藉「荒煙」、「風塵惡」、「千村寥落」點出國勢的危殆
　　(C) 二者均藉仙人乘鶴高去的事蹟，暗寓自身隱遁學仙的心志
　　(D) 二者均即景生議，陳說登高遠望、更上層樓的體會

貳、多重選擇題（佔 36 ％）

說明：第 18 題至第 29 題，每題的五個選項各自獨立，其中至少有一
　　　個選項是正確的，選出正確選項標示在答案卡上。每題 3 分，
　　　每選對一個選項，可獲 0.6 分，每選錯一個選項，倒扣 0.6 分，
　　　整題未作答者，不給分亦不扣分。若在備答選項以外之區域劃
　　　記一律倒扣 0.6 分。倒扣到本大題之實得分數為零為止。

18. 下列各組語詞「 」內的字，所指<u>顏色</u>係相同或相近的選項是；
　　(A) 看朱成「碧」／金魄「翠」玉
　　(B) 青紅「皂」白／「玄」端章甫
　　(C) 「縞」衣白冠／玉貌「絳」脣
　　(D) 「緇」衣羔裘／「黔」首黎民
　　(E) 「丹」楓白葦／「赭」衣塞路

19. 下列文句，<u>沒有</u>錯別字的選項是：
　　(A) 為了避免疫情再度擴大，我們必須未雨綢繆，防範未然
　　(B) 這次採用的影音設備是饗譽國際的知名品牌，效果絕對一級棒
　　(C) 懶人總以「好逸惡勞，人之常情」為藉口，推卸原本該盡的
　　　　責任
　　(D) 由於球員太過輕敵，結果以一分引恨敗北，失去參加冠亞軍
　　　　決賽的資格
　　(E) 學生用餐後疑似集體中毒，很多人上吐下瀉，有些人甚至暈厥，
　　　　不醒人事

20. 下列文句中「 」內的詞語，使用正確的選項是：
　　(A) 人家說東，他就偏要說西，真是「引喻失義」
　　(B) 大師一進會場，聽眾個個「正襟危坐」，屏息以待

(C) 他總是為朋友兩肋插刀，常擔任「抱薪救火」的角色

(D) 為政者如果「閹然媚世」，一味取悅選民，將為君子所不齒

(E) 古人常強調「不役於物」，足見古代早有保育動物、維護生態的觀念

21. 下列文章中衣冠、之、適、去、徒五個詞和字，各自與下列選項「」內相同的字詞比較，意義相同的選項是：

昔齊人有欲金者，清旦衣冠而之市，適鬻金者之所，因攫其金而去。吏捕得之，問曰：「人皆在焉，子攫人之金，何？」對曰：「取金之時，不見人，徒見金。」

(A) 孟嘗君怪其疾也，「衣冠」而見之

(B) 蚤起，施從良人之所「之」，徧國中無與立談者

(C) 況乎濯長江之清流，挹西山之白雲，窮耳目之勝以自「適」也哉

(D) 登斯樓也，則有「去」國懷鄉、憂讒畏譏、滿目蕭然、感極而悲者矣

(E) 夫闖賊但為明朝崇耳，未嘗得罪於我國家也，「徒」以薄海同仇，特申大義

22. 從詞性活用的角度來看，下列文句「」內名詞的用法，與「泛舟順流，星奔電邁，俄然行至」中的「星」、「電」相同的選項是：

(A) 「桂」棹兮「蘭」槳，擊空明兮泝流光

(B) 「山」迴「路」轉不見君，雪上空留馬行處

(C) 人為萬物之靈，當不至於「狼」奔「豕」竄的奪取一根骨頭

(D) 憑著一張借書證，一個夏天裏，「蠶」食「鯨」吞了一座圖書館

(E) 如果作者是落拓不羈、孤迴自放的人，「情」深「淚」潸，一意於詩，往往任情揮灑，寫出了好作品

23. 下列關於「春秋」一詞的說明，正確的選項是：

(A) 指一年中的春、秋二季，如陶淵明的〈移居〉：「春秋多佳日，
登高賦新詩」

(B) 人們常以春、秋二季代指一年四季或代稱歲月，如「我們不該
虛度春秋」

(C) 「春秋」在歷史上是群雄爭霸的時代，後世遂以「春秋鼎盛」
指事業成就達到高峰

(D) 指六經中的《春秋》，如《孟子》：「孔子成春秋，而亂臣賊子
懼」

(E) 《春秋》為編年體史書，後世的編年體史書遂往往以「春秋」
為名，如《呂氏春秋》

24. 下圖人物正思考他的下一步行動，引發他如此盤算的俗語「＿＿＿＿」
可以是：

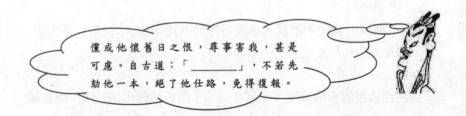

儻或他懷舊日之恨，尋事害我，甚是
可慮。自古道：「＿＿＿＿＿＿」，不若先
劾他一本，絕了他仕路，免得復報。

(A) 當斷不斷，反受其亂

(B) 急行無善步，促柱少和聲

(C) 人無千日好，花無百日紅

(D) 恨小非君子，無毒不丈夫

(E) 人情似紙張張薄，世事如棋日日新

25. 下列所引詩語分別錄自著名的古典小說，試選出敘述正確的選項：

甲、青龍寶刀燦霜雪，鸚鵡戰袍飛蛺蝶。馬蹄到處鬼神嚎，目前一怒應流血。

乙、英雄相聚滿山寨，好漢同心赴水注。古今壯士談英勇，猛烈強人仗義忠。

丙、釘鈀鐵棒逞神威，同帥陰兵戰老犧。犧牲獨展凶強性，遍滿同天法力恢。

(A) 甲、乙、丙所屬的小說，都是根據正史所改編

(B) 甲詩所指的人物，成為「武聖廟」供奉的神祇

(C) 乙詩所屬的小說，為中國綠林文化的代表作品

(D) 丙詩所屬的小說，與具有魔幻色彩的《哈利波特》、《魔戒》性質相近

(E) 甲、乙、丙所屬的小說，依<u>故事發生時代</u>的先後排列，應是：甲→乙→丙

26. 寫作時，運用人類各種感覺可以相通的原理，將某一種感官的感覺移轉到另一種感官上，常能產生新穎的效果。如「好一團波濤洶湧大合唱的紫色」的詩句，即是運用聽覺的動感，來摹寫視覺的形象。

下列文句，也採用<u>不同感覺移轉的手法</u>的選項是：

(A) 陰陰夏木囀黃鸝

(B) 間關鶯語花底滑

(C) 那株柳在矮牆邊迅速抽芽／把自己站成一個春

(D) 晴天之後仍然是完整無憾飽滿得不能再飽滿的晴天，敲上去會敲出音樂來的稀金屬的晴天

(E) 三粒苦松子／沿著路標一直滾到我的腳前／伸手抓起／竟是一把鳥聲

27. 下列文句，與《論語》：「譬如為山，未成一簣，止，吾止也。譬如平地，雖覆一簣，進，吾往也」意涵相近的選項是：
(A) 聞道有先後，術業有專攻
(B) 孔子登東山而小魯，登太山而小天下
(C) 鍥而舍之，朽木不折；鍥而不舍，金石可鏤
(D) 有為者，辟若掘井，掘井九軔而不及泉，猶為棄井也
(E) 求木之長者，必固其根本；欲流之遠者，必浚其泉源

28. 根據被說服對象的身分或特質，調整勸說的態度與內容，是想要說服他人的重要原則。下列文句，與此一原則相關的選項是：
(A) 君子不以言舉人，不以人廢言
(B) 說大人則藐之，勿視其巍巍然
(C) 與富者言，依於高；與貧者言，依於利
(D) 君子易事而難說也，說之不以道，不說也
(E) 困於心，衡於慮，而後作；徵於色，發於聲，而後喻

29. 「用典」是古典詩詞常見的表現方式。下列關於各詩詞句子用典的敘述，正確的選項是：
(A) 「天子三章傳，陳王七步才」用「曹植」的典故
(B) 「嘆鳳嗟身否，傷麟怨道窮」用「孔子」的典故
(C) 「千載琵琶作胡語，分明怨恨曲中論」用「白居易」的典故
(D) 「傲殺人間萬戶侯，不識字煙波釣叟」用「白樸」的典故
(E) 「靈均標致高如許，憶生平既紉蘭佩，更懷椒醑」用「屈原」的典故

第二部分：寫作題（佔 30％）

說明：請依指示作答，答案務必寫在「答案卷」上。

　　你猜到了嗎？作文的題目就是－－「猜」

　　「猜」，天天在我們的腦中浮現：

　　　上課中猜想暗戀的人會不會經過門外？下課後猜測那一隊會贏得今年 NBA 的總冠軍賽？邊走邊猜今天好運會不會與我同在？邊寫邊猜所寫的是不是閱卷老師喜歡的題材？……

　　事實上，人類也常靠著「猜」才有新的發現：

　　　哥倫布猜測地球是圓的而找到新大陸；哥白尼猜想地球繞著太陽轉而開啟天文學的新途；牛頓也是先猜地球必有一股力量將月球拉住，從而發現物體的質量會影響萬有引力的強度。

　　你一定「猜」過別人的心思、舉止、或者一件你很想知道答案的事。請以「猜」為題，把那一次的經驗（可包括猜的原因、經過、結果等）寫成一篇文章，文長不限。

九十二年度指定科目考試國文科試題詳解

第一部分：選擇題

壹、單一選擇題

1. **A**

【解析】 甲、由「蓮葉」、「荷花」判斷－夏
乙、由「楊柳色」判斷－春
丙、由「寒蟬」判斷－秋
丁、由「菊殘」判斷－冬

2. **C**

【解析】 從「無孔不入」、「山……在白煙的橫波迴瀾裏」篩選，
最明顯的是「水光山色，纖毫悉在鏡裏」，其前提是雲
霧全被「拭淨」。

3. **B**

【解析】 道家的中心思想是「清靜無為」，主柔弱勝剛強，求避
禍全生。班固漢志：「道家者流……清虛以自守，卑弱
以自持。」司馬談易大傳：「道家……與時遷移，應物
變化，立俗施事，無所不宜，使人精神專一，動合無形」。

4. **D**

【解析】 皆送別之詩，然「唯有相思似春色，江南江北送君歸」
方符合「安得身如芳草多，相隨千里車前綠」之緊緊
相隨的濃情厚意。

5. **D**

【解析】 由「時之來也，…陳力以出。時之不來也……奉身而退。」所指即為「窮則獨善其身，達則兼善天下」。

6. **C**

【解析】 由意念表達之因果邏輯推敲，由「公無渡河」但公「竟渡河」，結果「隨河而死」，感嘆「當奈公何」。

7. **B**

【解析】 本題承上，也是測驗考生語文理解分析的能力。從對話－「何追者之衆？」故鄰人回答：「多歧路」；回返之後接著問：「獲羊乎？」鄰人答：「亡之矣」；再問原因「實亡之？」所以鄰人回說：「歧路之中又有歧焉」。

8. **C**

【解析】 文中「恨不得倩疏林挂住斜暉」就是盼望時間能停留，如用疏林將斜暉掛住。

9. **B**

【解析】 乙丙戊庚為韻腳當在偶數句的位置，平仄起則是看首句第二個字，故只有 (B) 符合。

10. **A**

【解析】 (A) 寫田園幽靜，自然閒逸，不符合李白其它詩作的浩「大」遼闊，強烈誇張的風格。

11. **A**

【解析】甲、道家主張人應避禍全生，所以伯夷、盜跖之死被
　　　　　認為「殘生傷性」是為道家所貶。

　　　　乙、法家重賞罰，貴法治，然而伯夷、叔齊卻「不畏
　　　　　重誅，不利厚賞」，因此對法家而言他們是「無
　　　　　益之臣」。

　　　　丙、此段引用自<u>孟子</u>，為儒家學說。

12. **C**

【解析】(A)《昭明文選》為南朝梁蕭統所編。

　　　　(B)《世說新語》為南朝宋劉義慶集門客所作。

　　　　(C)《資治通鑑》為北宋司馬光主撰。

　　　　(D)《人間詞話》乃民國王國維之詩詞評論。
　　　　　所以由時代去掉 (A) (B) 選項，再從內容研判與 (D)
　　　　　無關。

13. **D**

【解析】唐太宗指責封德彝並非世上無奇才，而是他不像伯樂
　　　　用心去發掘人才。

14. **B**

【解析】船象徵公寓。「當海洋瘦成河流」比喻公寓林立，巷弄
　　　　狹小。而「彼此相覷」便是形容房舍擁擠。

15. **D**

【解析】「河海不擇細流」謂大海包容，不適用於形容公寓擁擠，
　　　　居住空間被壓縮。

16. **A**

【解析】 (B) 乙詞感嘆民生凋敝，國勢危殆。

(C) 甲詩由登臨訪古而思鄉，乙詞則寫復國之志。

(D) 乙詞並無飄泊天涯的孤寂。

17. **B**

【解析】 (A) 由近而遠。

(C) (D) 均無此意。

貳、多重選擇題

18. **ABDE**

【解析】 (A) 看朱成「碧」／金魄「翠」玉－青綠。

(B) 青紅「皂」白／「玄」端章甫－黑。

(C) 「縞」衣白冠－白／玉貌「絳」脣－深紅。

(D) 「緇」衣羔裘／「黔」首黎民－黑

(E) 「丹」楓白葦／「赭」衣塞路－紅

19. **AC 或 C**

【解析】 (A) 防範或防「患」未然，故從寬。

(B) 饗→享

(D) 引→飲

(E) 醒→省

20. **BD**

【解析】(A) 引喻失義－舉例不當。

(B) 正襟危坐－整頓衣冠，直身端坐，表態度嚴肅。

(C) 抱薪救火－欲益反損，於事無濟。

(D) 閹然媚世－阿諛奉承，討好世人。

(E) 不役於物－不受外物所影響、役使。

21. **ABDE**

【解析】(A)「衣冠」同為動詞，穿衣戴帽之意。

(B)「之」皆當動詞，「往」也。

(C) 自「適」也哉－安然順適；「適」鬻鍺之所－動詞，往、到。

(D)「去」皆離開之意。

(E)「徒」都是「只」之意。

22. **CD**

【解析】「星奔電邁」之「星」、「電」皆修飾動詞「奔」「邁」，為名詞轉品作副詞用。

(A)「桂」、「蘭」名詞作形容詞用。

(B)「山」、「路」本為名詞，無轉品。

(E)「情」、「淚」本為名詞，無轉品。

23. **ABD**

【解析】(C) 春秋鼎盛指壯盛之年。

(E)《呂氏春秋》非編年體史書，而是雜家之作，以儒道為主，兼採墨法名兵農之說。

24. **AD 或 ACD、ADE、ACDE**

【解析】　譯：「如果他心中還念著昔日的仇恨，因而故意找細故陷害我，這的確很讓人擔心，古人有言：「＿＿＿＿＿」，「不如先參他一本，斷絕他的仕宦，免得他回頭報仇」。所以切合題旨當選 (A) (D)，大考中心則從寬給分。

25. **BCD**

【解析】　甲→三國演義（三國）

　　　　　乙→水滸傳（北宋）

　　　　　丙→西遊記（唐）

　　　　(A) 三國演義參酌正史改寫；水滸傳中的人物雖正史有載，但其內容則根據話本衍生；西遊記則為神怪小說。

　　　　(E) 甲→丙→乙。

26. **DE 或 BDE**

【解析】　(A) 聽覺　　　　(B) 聽覺或觸覺、視覺→聽覺

　　　　(C) 視覺　　　　(D) 視覺→聽覺

　　　　(E) 視覺→聽覺

27. **CD**

【解析】　題幹：喻有恆

　　　　(A) 指人的學習有先後順序，有專門研究。

　　　　(B) 言聖道廣大而有本源。

　　　　(C) 有恆者事竟成。

　　　　(D) 若不持之以恆，常功虧一簣。

　　　　(E) 思國之安，當積其德義。

28. **BC**

【解析】 (A) 用人納言之道。

(D) 說明君子責己嚴正待人寬大。

(E) 乃言生於憂患，死於安樂。

29. **ABE**

【解析】 (A) 曹植（陳思王）七步成詩。

(B) 「嘆鳳」指鳳鳥不至，「傷麟」指魯哀公西狩獲麟，孔子大哭一事。

(C) 由「琵琶」「胡語」可推知用王昭君典故。

(D) 「煙波釣叟」用張志和自稱「煙波釣徒」之典。

(E) 「靈均」是屈原的字，「蘭佩」「椒醑」出自屈原辭賦。

九十二學年度指定科目考試（國文）

大考中心公佈答案

題　號	答　　案	題　號	答　　案
1	A	16	A
2	C	17	B
3	B	18	ABDE
4	D	19	AC
5	D	20	BD
6	C	21	ABDE
7	B	22	CD
8	C	23	ABD
9	B	24	AD
10	A	25	BCD
11	A	26	DE
12	C	27	CD
13	D	28	BC
14	B	29	ABE
15	D		

九十二學年度指定科目考試

各科成績標準一覽表

科　　目	高　標	均　標	低　標
國　　文	63	50	38
英　　文	60	39	18
數學甲	60	43	25
數學乙	52	34	17
化　　學	48	32	16
物　　理	50	31	12
生　　物	63	46	29
歷　　史	51	36	22
地　　理	73	57	41

※ 以上三項標準係依各該科全體到考考生成績計算，且均取整數〔小數只捨不入〕，各標準計算方式如下：

高標：該科前百分之五十考生成績之平均。

均標：該科全體考生成績之平均。

低標：該科後百分之五十考生成績之平均。

九十一年大學入學指定科目考試試題
國文考科

第一部分：選擇題（55％）

壹、單一選擇題（34％）

說明：第 1 題至第 17 題，每題選出一個最適當的選項，標示在答案
　　　卡上。每題答對得 2 分，答錯倒扣 2/3 分，未作答者，不給分
　　　亦不扣分。

1. 下列各組「」內注音符號所表示的字，字形相同的是：
   (A) 爾「ㄩˊ」我詐／阿「ㄩˊ」諂媚
   (C) 「ㄆㄧ」肝瀝膽／「ㄆㄧ」星戴月
   (B) 「ㄍㄨ」名釣譽／「ㄍㄨ」計錯誤
   (D) 冤「ㄨㄤˇ」好人／「ㄨㄤˇ」顧道義

2. 現代語言「媳婦熬成婆」、「烤得焦頭爛額」、「炒作新聞」、「炒作
   知名度」等流行語中，「熬」、「烤」、「炒」都是由烹煮食物引申而
   來；使用不同的動詞，乃基於所要表達的意旨與原義的某些主要
   特質相近，其中「炒作」的「炒」字<u>主要</u>是從原義的何種特質引
   申出來的？
   (A) 熱油爆香　　　　　　　　(B) 慢火久煮
   (C) 反覆翻動　　　　　　　　(D) 捲動扭曲

3. 漢語常依照眼睛「看」事物的情態，選用不同的表達詞彙。下列各
   組與「目視」有關的詞，兩字所表達的情狀<u>相差**最遠**</u>的選項是：
   (A) 瞪／瞰　　　　　　　　　(B) 瞻／眺
   (C) 睨／瞭　　　　　　　　　(D) 瞪／瞋

4. 請依文意句法與國學常識判斷，選出最適合填入_____的選項：

　　甲、玉蘭，花中之伯夷也；葵，花中之伊尹也；_____，花中之柳
　　　　下惠也。(《幽夢影》)

　　乙、見小利，不能立大功；存私心，不能謀_____。(《圍爐夜話》)

　　丙、彼此不和，謂之參商；爾我相仇，如同_____。(《幼學瓊林‧
　　　　朋友賓主》)

　　(A) 菊／大事／霄壤　　　　　　(B) 梅／國事／楚漢

　　(C) 蓮／公事／冰炭　　　　　　(D) 水仙／世事／胡越

5. 下列兩首近體詩□內，依詩意、格律而言，最適合填入的詞語是：

　　甲、山染嵐光帶日□，蕭然茅屋枕池塘。自知寡與真堪笑，賴有簞
　　　　瓢一味□。(羅從彥〈謁顏廟〉)

　　乙、昔年乘醉舉歸帆，隱隱前山日半□。好是滿江□返照，水仙齊
　　　　著淡紅衫。(李覯〈憶錢塘江〉)

　　(A) 黃／嚐／偏／涵　　　　　　(B) 涼／償／落／映

　　(C) 涼／香／酣／映　　　　　　(D) 黃／長／銜／涵

6. 「城中好高髻，四方高一尺；城中好廣眉，四方且半額；城中好大
　　袖，四方全匹帛」是一首流行於漢代的歌謠，下列文句，與其意義
　　最接近的是：

　　(A) 人棄我取，人取我予　　　　(B) 入鄉問禁，入境隨俗

　　(C) 風行草偃，變本加厲　　　　(D) 追求時髦，風尚互異

7. 「淡泊之士，必為濃豔者所疑；檢飾之人，多為放肆者所忌。君
　　子處此，固不可少變其操履，亦_____。」(《菜根譚》)上文
　　_____依文意與句法推敲，最適合填入的句子是：

　　(A) 不可太露其鋒芒　　　　　　(B) 不若德怨之兩忘

　　(C) 毋私小惠而傷大體　　　　　(D) 寧謝紛華而甘淡泊

8. 下列是一段現代散文，請依文意選出排列順序最恰當的選項：

「南方留在我記憶中的，(甲)或是那古舊小鎮裡隨意蔓延的街道，

(乙)而是那些在亞熱帶叢林裡蟄伏的山間小路，

(丙)你的行走同樣毫無目的，

(丁)那是一道沒有目的也沒有時間的空間曲線，

(戊)並不是秦嶺和長江劃下的那一道武斷的直線，

你既看不到五步開外的去處，你回頭也看不見身後已走過的路，

它總是為不明的障礙物所遮蔽。」(陳曉明＜詭秘的南方＞)

(A) 丁丙甲乙戊　　　　　　　(B) 丁丙戊甲乙

(C) 戊甲丙丁乙　　　　　　　(D) 戊乙甲丁丙

9. 下列是一段古文，但其中有一句與「有巢氏」無涉，請**剔除此句**，
再依文意選出排列順序最恰當的選項：

「上古之世，人民少而禽獸眾，(甲)而民悅之，　(乙)有聖人作，

(丙)人民不勝禽獸蟲蛇，　(丁)鑽燧取火以化腥臊，

(戊)使王天下，　(己)構木為巢以避群害，

號曰有巢氏。」(《韓非子・五蠹》)

(A) 乙甲丙戊己　　　　　　　(B) 乙甲戊丙己

(C) 丙乙己甲戊　　　　　　　(D) 丙丁己甲乙

10-11題為題組

閱讀《紅樓夢》第七十回中之＜臨江仙＞，回答 10-11 題：

白玉堂前春解舞，東風捲得均勻。蜂圍蝶陣亂紛紛；幾曾隨逝水？

何必委芳塵？萬縷千絲終不改，任他隨聚隨分。韶華休笑本無根；

好風憑借力，送我上青雲。

10. 這闋詞所歌詠的是：
    (A) 繽紛的落花　　　　　　　(B) 輕飄的柳絮
    (C) 初春的殘雪　　　　　　　(D) 漫舞的風箏

11. 透過作品來烘托人物的性格，是《紅樓夢》常見的表現手法。若依這闋詞所呈現的人生態度來看，它最可能是《紅樓夢》中那位人物的作品？
    (A) 薛寶釵　　　(B) 林黛玉　　　(C) 賈寶玉　　　(D) 劉姥姥

12-14 為題組

閱讀下列文字，回答 12-14 題。

　　　雪映竹窗，寒風入春堂。嘆□□，紅爐缺炭冷難當。無奈何，折了竹籬煎茶湯，黃虀淡飯且充腸。嘆吾生，空有凌雲志，怎乃那，聖人亦曾絕過糧。昨日當卻琴合劍，今日又去賣書箱。偏遇朔風多淋漓，紛紛瑞雪又飄揚。春衣難把風寒禦，可憐我，身無掛體裳，家下無存過宿糧。到晚來，少寢枕，缺錦帳，青燈無油剔不亮。猛抬頭，只見寒梅都開放。無奈何，映雪窗前唸文章。忽聽街頭爆竹響，原來是，村舍人家祭灶王。（民歌＜雪映竹窗＞）

12. 依據上文文意，□中應填入的詞是：
    (A) 乞兒　　　(B) 蒼生　　　(C) 寒儒　　　(D) 奴僕

13. 「嘆吾生，空有凌雲志，怎乃那，聖人亦曾絕過糧」一句所表達的主角心態是：
    (A) 清狂倨傲　　　　　　　　(B) 憤世嫉俗
    (C) 嗟貧歎苦　　　　　　　　(D) 自我寬慰

14. 依據文意推敲，本文的時間背景大約在何時左右？
    (A) 寒食　　　　　　　　(B) 除夕
    (C) 立冬　　　　　　　　(D) 中秋

15-17 為題組

閱讀下列文字，回答 15-17 題。

　　孔肩心澄一泓，筆落眾妙，著作非一種；忽有搖落不偶之感，乃作《偶語》：為是不偶而寓諸偶，風楮觸物，靈籟相宣。予戲謂孔肩：「此豈澤畔之吟，出於憔悴；當是苧蘿美人病而生顰，顰而益美耳。」（黃汝亨〈《偶語》小引〉）

15. 文中「不偶之感」意謂：
    (A) 遲暮之感　　　　　　(B) 懷才不遇
    (C) 風木之思　　　　　　(D) 禍機不測

16. 「澤畔之吟，出於憔悴」與「苧蘿美人病而生顰」典故中的人
    物，依序指：
    (A) 杜甫／王昭君　　　　(B) 屈原／王昭君
    (C) 杜甫／西施　　　　　(D) 屈原／西施

17. 從「此豈澤畔之吟，出於憔悴；當是苧蘿美人病而生顰，顰而
    益美耳」這段話，可知作者主張文學應該：
    (A) 以奇癖為美　　　　　(B) 以忠直為美
    (C) 以放浪為美　　　　　(D) 以造意為美

貳、多重選擇題（21％）

說明：第 18 題至第 24 題，每題的五個選項各自獨立，其中至少有一個選項是正確的，選出正確選項標示在答案卡上。每題 3 分，每選對一個選項，可獲 0.6 分，每選錯一個選項，倒扣 0.6 分，整題未作答者，不給分亦不扣分。若在備答選項以外之區域劃記一律倒扣 0.6 分。

18. 下列文句中，「誠」字使用正確的選項是：
    (A) 承重任，擔大事，應當誠惶誠恐，敬謹將事
    (B) 昨天我專誠拜訪，卻吃了閉門羹，頓覺心中怏怏
    (C) 「禦人以口給，屢憎於人。」古人之言，誠不我欺
    (D) 對於團體的事務，人人都應戮力以赴；誠心作對，不免成為害群之馬
    (E) 一個人難免犯錯，但貴在能夠坦誠錯誤，衷心改正；文過飾非，實無濟於事

19. 下列敘述，正確的選項是：
    (A) 諸葛亮〈出師表〉所謂「開張聖聽」即指「廣開言路」
    (B) 蘇軾〈赤壁賦〉所謂「滄海之一粟」即指「滄海遺珠」
    (C) 白居易〈與元微之書〉所謂「方寸甚安」即指「內心安泰」
    (D) 蘇轍〈黃州快哉亭記〉所謂「蓬戶甕牖」等同於「儉以養廉」
    (E) 韓愈〈師說〉所謂「不恥相師」與「君子不齒」，「不恥」與「不齒」意義相近

20. 直接使用<u>日語漢字詞彙</u>，是本地國語的一種現象，例如「便當」
　　一詞，即源於日語而非國語所原有。下列文句「　」內，何者屬於
　　這類詞彙？
　　(A) 餐廳有服務生代客「泊車」
　　(B) 便利商店提供「宅急便」服務
　　(C) 「忍者」矇著臉，在角落吹暗箭
　　(D) 那家日式「涮涮鍋」好吃又便宜
　　(E) 百年「物語」號稱是電視臺年度大戲

21. 動詞前加「相」字，有表示其動作、事況、情態是雙向的，如
　　「相見實難別亦難」；也有表示單向的，如「山中相送罷，日暮
　　掩柴扉」。下列文句「　」內的「相」字，表示<u>單向</u>的是：
　　(A) 深林人不知，明月來「相」照
　　(B) 洛陽親友如「相」問，一片冰心在玉壺
　　(C) 留得和羹滋味在，任他風雪苦「相」欺
　　(D) 往事勿追思，追思多悲愴。來事勿「相」迎，相迎已惆悵
　　(E) 煮豆燃豆萁，豆在釜中泣，本是同根生，「相」煎何太急

22. 古代思想家為了說明君臣之間是彼此合作、相互依存的關係，
　　便以「人的身體」為喻，透過人體各器官相依共存的必然性，
　　揭示國家中君主、臣民互信合作的必要性。下列文句，表達此
　　一思想的選項是：
　　(A) 《禮記・緇衣》：「民以君為心，君以民為體」
　　(B) 《孟子・離婁下》：「君之視臣如手足，則臣視君如腹心」
　　(C) 《論語・子路》：「苟正其身，於從政乎何有？不能正其身，
　　　　如正人何？」
　　(D) 《孟子・離婁上》：「諸侯不仁，不保社稷；卿大夫不仁，不
　　　　保宗廟；士庶人不仁，不保四體」
　　(E) 《荀子・議兵》：「臣之於君也，下之於上也，若子之事父，
　　　　弟之事兄，若手臂之扞頭目而覆胸腹也」

23. 下列文句，運用「甲像乙，乙像甲」之互喻方式的選項是：

(A) 每一樹梅花都是一樹詩，每一首詩都銘記著梅花的精魂

(B) 葉子出水很高，像亭亭舞女的裙；亭亭舞女的裙，像風一般旋轉。

(C) 遠遠的街燈明了，好像閃著無數的明星；天上的明星亮了，好像閃著無數的街燈

(D) 一面面鏡子，重重映射，就像七彩虹影般的光影；如夢似幻的虹影，如同鏡子映射般地虛幻無定

(E) 狂風緊緊抱起一層層巨浪，惡狠狠地將它們甩到懸崖上，剎那間彷彿把這些大塊的翡翠摔成碎末，碎末既像塵霧又像細雪般漫天飛舞

24. 下列關於儒家思想的敘述，正確的選項是：

(A) 儒家認為個人的言談必受其內在修養所影響，故孔子說：「有德者必有言」，孟子也認為：「淫辭知其所陷，邪辭知其所離」

(B) 儒家認為執政者應體恤百姓，故孔子說：「因民之所利而利之，斯不亦惠而不費乎」，孟子也同意「賢者與民並耕而食，饔飧而治」的主張

(C) 儒家認為憂患的環境可使人淬礪奮發，故《論語》曰：「不患人之不己知，患不知人也」，《孟子》亦云：「人之有德慧術知者，恆存乎疢疾」

(D) 儒家認為知錯能改是一種美德，故《論語》曰：「過也，人皆見之；更也，人皆仰之」，《孟子》亦云：「雖有惡人，齋戒沐浴，則可以祀上帝」

(E) 儒家主張教育應注意個別差異，故《論語》曰：「中人以上，可以語上也；中人以下，不可以語上也」，《孟子》亦云：「中也養不中，才也養不才，故人樂有賢父兄也」

第二部分：非選擇題（45％）

說明：請依各題指示作答，答案務必寫在「答案卷」上，並標明
　　　「一」、「二」。

一、問答（18％）

　　孟子曾說「古之人，得志，澤加於民；不得志，脩身見於世。窮則獨善其身，達則兼善天下」（＜盡心上＞），標舉了知識份子在窮達之際的理想作為，但面臨生命的重要轉折，每個人的作法會因其性格、際遇與修養而有所不同。所以，無論是憂讒畏譏、忿懟沉江的屈原，或是不為五斗米折腰、守拙歸園田的陶潛，或是曠達自適、無處而不自得的蘇軾，都為後世立下了不同的典範，而他們的任事態度與生命情懷，也都反應在其作品中。以下三人，你**最欣賞那一位**對於出處進退的態度及其作品？為什麼？**試結合其生命情懷與作品加以說明**，文不必分段，以 300 字為度。

二、作文（27％）

　　我們身邊，有各種不同的「鏡子」。有人在時間的流轉中，從「它」照見了容顏的改變；有人在人生的戲局中，從「它」觀看出真正的自我；但也有人不願或不能面對「它」。**試以「對鏡」為題**，寫一篇文章，文長不限。

九十一年度指定科目考試國文科試題詳解

第一部分：選擇題

壹、單一選擇題

1. B

【解析】 (A) 爾「虞」我詐／阿「諛」諂媚

(B) 「披」肝瀝膽／「披」星戴月

(C) 「沽」名釣譽／「估」計錯誤

(D) 冤「枉」好人／「罔」顧道義

2. C

【解析】 「炒」本義作「熬」解，置食物於火上，反覆翻動，使乾使熟，所以「炒作」的「炒」字主要是從反覆翻動之意引申出來。

3. A

【解析】 (A) 瞠，瞪目平視

瞰，眺望、俯視

(B) 瞻，憑臨遠視

眺，張目遠望之意

(C) 睨，斜視

瞟乃輕微一視之意，引申為斜視

(D) 瞪乃睜目疾視之意

瞋乃睜大眼眶，怒目直視之意

4. **C**

【解析】甲、「柳下惠，不羞汙君，不辭小官，……與鄉人處，
　　　　由由然不忍去也。『爾為爾，我為我，雖袒裼裸裎於
　　　　我側，爾焉能浼我哉』……柳下惠，聖之和者也」
　　　　（孟子萬章下）。而蓮「出淤泥而不染」「蓮，花之
　　　　君子者也」（周敦頤愛蓮說），所以「蓮，花中之柳
　　　　下惠也。」

　　　　乙、「見小利，不能立大功」之「小利」「大功」相對，
　　　　故「存私心，不能謀＿＿＿＿。」填入「公事」，可
　　　　與「私心」相對。

　　　　丙、參商二星，一在西，一在東，此出彼沒，永不相
　　　　見，後因用以比喻兄弟不睦，雙方隔絕；冰炭則喻
　　　　兩者性質相反而難相容的事物，所以「彼此不和，
　　　　謂之參商；爾我相仇，如同冰炭。」

5. **D**

【解析】由甲「山染嵐光帶日□」依詩意判斷當為「黃」，而選
　　　　項範圍縮小後，也就不難得知。

6. **C**

【解析】風行草偃有上行下效之意，而變本加厲，則是變其根
　　　　本而加甚，與歌謠之意相近。

7. **A**

【解析】依句法推敲，「<u>固</u>不可少變其操履，<u>亦</u>不可太露其鋒
　　　　芒。」再配合文意，答案當可確定。

8. **D**

【解析】依文意（戊）並不是…（乙）而是…（甲）或是…相承，或由（丁）…沒有目的…（丙）…同樣毫無目的相接，即可選出最恰當的排列順序。

9. **C**

【解析】先接（丁）鑽燧取火一句剔除，因與「有巢氏」無涉，再依文意「人民少而禽獸衆」判斷，下一句爲（丙）「人民不勝禽獸蟲蛇」，則答案已可知。

10. **B**

【解析】由「萬縷千絲終不改……好風憑借力，送我上青雲」可知歌詠的是輕飄的柳絮。

11. **A**

【解析】薛寶釵：「我想柳絮原是一件輕薄無根的東西，依我的主意，偏要把他說好了，才不落套。」而林黛玉多愁善感，則是「飄泊亦如人命薄，空繾綣，說風流」；賈寶玉則看破紅塵，豁達地說：「落去君休息，飛來我自知」；劉姥姥乃鄉下婦女，樸實惷厚，不會舞文弄墨。

12. **C**

【解析】由「雪映竹窗，寒風入草堂……紅爐缺炭冷難當」之文意判斷，□應塡「寒儒」。

13. **D**

【解析】 「凌雲志」乃崇高的抱負志氣,「空有凌雲志」則懷才
不遇,而以「聖人亦曾絕過糧」,用孔子在陳絕糧的典
故自我寬慰。

14. **B**

【解析】 由「雪映竹窗……寒梅都開放……忽聽街頭爆竹響,
原來是,村舍人家祭灶王」可知本文的時間背景大約
在除夕左右。

15. **B**

【解析】 「不偶」,偶有遇、值之意,不偶即不遇。遲暮乃暮年、
晚景之意,風木之思即「樹欲靜而風不止,子欲養而親
不待」,言及時盡孝。

16. **D**

【解析】 「澤畔之吟」用屈原漁父「屈原既放,游於江潭,行
吟澤畔,顏色憔悴,形容枯槁」之典故;「苧蘿美人病
而生矉」用莊子天運「西施病心而矉其里」之典故。

17. **A**

【解析】 矉,皺眉,本為不美,然「美人病而生矉,矉而益美」,
則見作者之與眾不同,故作者主張文學應該以奇癖為
美。

貳、多重選擇題

18. **AC**

【解析】(B) 專「程」拜訪

(D) 「成」心作對

(E) 坦「承」錯誤

19. **AC**

【解析】(B) 「滄海一粟」喻個體渺小，而「滄海遺珠」則喻人才之埋沒

(D) 「蓬戶甕牖」喻貧家，與「儉以養廉」不同

(E) 「不恥」，不以為可恥；「不齒」，不屑與之並列，兩者意義並不相近

20. **BCE**

【解析】(A) 「泊車」為英語「Park」的音譯

(D) 「涮涮鍋」，音ㄕㄨㄢˋ，洗也，今以生肉片放入沸湯內燙食，亦曰涮

21. **ABCDE**

【解析】雙向之「相」為相互，而單向之「相」則為你、我、他之稱代，如 (A)「相」照，照我；(B)「相」問，問我；(C)「相」欺，欺我；(D)「相」迎，迎它；(E)「相」煎，煎我。

22. **ABE**

【解析】(C) 言為政必先正己

(D) 強調諸侯、卿大夫、士庶人行仁之要

以上二選項與「以人的身體為喻，透過人體各器官相依共存的必然性，揭示國家中君主、臣民互信合作的必要性」無關。

23. **CD**

【解析】(A) 沒有互喻

(B) 運用「甲像乙，乙像丙」之方式

(E) 運用「甲像乙，乙像丙又像丁」之方式

24. **AD**

【解析】(B)「賢者與民並耕而食」乃農家主張，孟子反對。

(C)「不患人之不己知，患不知人也」乃孔子言人不當強求人知，而當力求知人。

(E)「中也養不中，才也養不才，故人樂有賢父兄」故身為父兄，應有包容教養不肖子弟的胸懷。

九十一學年度指定科目考試（國文）
大考中心公佈答案

題　　號	答　　案	題　　號	答　　案
1	B	16	D
2	C	17	A
3	A	18	AC
4	C	19	AC
5	D	20	BCE
6	C	21	ABCDE
7	A	22	ABE
8	D	23	CD
9	C	24	AD
10	B		
11	A		
12	C		
13	D		
14	B		
15	B		

九十一學年度指定科目考試
各科成績標準一覽表

科　　目	高　標	均　標	低　標
國　文	52	43	33
英　文	55	36	18
數學甲	62	45	27
數學乙	65	46	26
化　學	55	35	16
物　理	30	17	5
生　物	58	42	26
歷　史	61	47	33
地　理	66	53	40

※ 以上三項標準係依各該科全體到考考生成績計算，且均取整數(小數只捨不入)，各標準計算方式如下：

高標：該科前百分之五十考生成績之平均。

均標：該科全體考生成績之平均。

低標：該科後百分之五十考生成績之平均。

心得筆記欄

心得筆記欄

歷屆指考國文科試題詳解

主　　　編 / 李　奐

發 行 所 / 學習出版有限公司　　☎ (02) 2704-5525

郵 撥 帳 號 / 0512727-2 學習出版社帳戶

登 記 證 / 局版台業 2179 號

印 刷 所 / 裕強彩色印刷有限公司

台 北 門 市 / 台北市許昌街 10 號 2 F　　☎ (02) 2331-4060

台灣總經銷 / 紅螞蟻圖書有限公司　　☎ (02) 2795-3656

美國總經銷 / Evergreen Book Store　　☎ (818) 2813622

本公司網址　www.learnbook.com.tw

電 子 郵 件　learnbook@learnbook.com.tw

售價：新台幣一百八十元正

2012 年 5 月 1 日初版